CALLWEY

FEUER & FLAMME

Lennox Hastie

FEUER & FLAMME

Die Grillbibel für Profis

CALLWEY

Inhalt

LEGENDE

- Herzhaft
- *Süß*
- Getränke
- **Basics**

Rezepte

Einleitung

FEUER FASZINIERT UNS ALLE. Wie gebannt schauen wir in die Flammen, die knisternd prasselnde Holzscheite verzehren. Und nichts wirkt beruhigender als das Flackern eines Kaminfeuers, dessen Wärme Wohlbehagen verbreitet. Feuer kann aber auch unberechenbar und zerstörerisch sein. Vielleicht ist es gerade diese Ambivalenz, die es so interessant macht. Flammen ziehen unsere Aufmerksamkeit auf sich, sie schüren Emotionen, doch Feuer werden auch noch brennen, wenn die Menschheit längst Geschichte ist.

Wenn sich Menschen um ein Feuer versammeln und seine Wärme und vielleicht auch eine Mahlzeit teilen, fühlen sie sich verbunden. Und seit Jahrtausenden nutzen wir die Flammen nicht nur für praktische, sondern auch für rituelle Zwecke.

Das Garen über offenem Feuer erfordert eine geschärfte Wahrnehmung für das Produkt und gleichzeitig den respektvollen Umgang mit den Flammen. So gesehen ist diese scheinbar simple Technik doch ziemlich anspruchsvoll. Die moderne Küche hat das Feuer gezähmt und sehr zuverlässige Garmethoden entwickelt. Doch fehlt ihnen die Unmittelbarkeit von Glut und Flamme, die auf eine ganz spezielle Art mit den Zutaten interagieren, und sie langsam vor unseren Augen verändern. Beim Garen über offenem Feuer lernen wir unsere Zutaten wirklich kennen und wir entwickeln ein Gefühl für die rauchige Transformation von roh zu gegart.

Wer mit offenem Feuer kocht, wird sein Essen intensiver wertschätzen. Ähnlich wie beim Gärtnern kommen wir auch hier mit den grundlegenden Zyklen der Natur in Berührung – mit dem Werden und Vergehen. Diese elementare und unmittelbare Art, Speisen zu garen, bringt alle Zutaten unverstellt zur Geltung. So zu kochen ist spannend und macht Spaß, es ist aber auch eine große Herausforderung. Ein offenes Feuer ist von vielen Einflüssen abhängig und brennt nicht konstant, sodass es permanente Aufmerksamkeit erfordert. Doch ich bin dem Feuer verfallen, denn diese ursprüngliche und traditionsreiche Garmethode unterstützt auf einzigartige Weise die natürlichen Aromen. Das Feuer bringt uns zurück zu unseren Wurzeln. Für mich hat die Entdeckung des Feuers gerade erst begonnen.

Die Entdeckung des Feuers

Diese Art des Kochens fasziniert mich – sie ist einzigartig, wunderbar komplex und dennoch einfach.

MANCHMAL WÜNSCHE ICH MIR, ICH HÄTTE EINEN ROMANTISCHEREN BACKGROUND. Ich würde gerne erzählen können, dass ich einer Kultur entstamme, in der das Kochen auf offenem Feuer Tradition hat. Doch tatsächlich bin ich im wechselhaften Klima Großbritanniens aufgewachsen, und mit Feuer kam ich nur beim Beheizen des Hauses im Winter und Barbecues im Sommer in Kontakt. Ich erinnere mich noch an die Aromen, wenn mein Vater Würstchen grillte: eine Mischung aus Feuerzeugbenzin und fetter, schwarzer Kohle. Das Barbecue meiner Kindheit war nicht sehr anspruchsvoll, aber ich liebte es trotzdem. Traditionell versammelte sich dazu die ganze Familie im Garten, und die Erinnerung an dieses Ritual zählt viel mehr als ein perfektes Essen.

Damals wurde in unseren Breiten nur selten gegrillt, und meist griff man auf leicht verfügbare Zutaten zurück. Obwohl ich schon immer gern an einem Feuer stand, habe ich erst nach vielen Berufsjahren entdeckt, dass das Garen auf offenem Feuer die schönste Art des Kochens ist – und außerdem alltagstauglich. Zunächst sah ich darin aber wie viele andere nur eine unterhaltsame, doch eher primitive Zubereitungsart, die in modernen Küchen nicht vorkam – zumindest nicht in den Küchen, in denen ich arbeitete. Ein offenes Feuer lässt sich nicht so leicht kontrollieren, deshalb arbeitet der Profi mit einem Gasgrill, und brennendes Holz sieht er in der Regel nur beim Räuchern.

Wie die meisten jungen Köche wollte ich viel lernen, um besser zu werden. Ich beschloss, bei einigen der renommiertesten Küchenchefs in Sternerestaurants zu arbeiten. Jede Station war eine tolle Erfahrung und hat mich als Koch geprägt. Doch während ich meine Fähigkeiten verfeinerte, verlor ich dabei irgendwie die Zutaten aus dem Blick.

Die moderne Küche entwickelte sich in eine Richtung, die mir nicht gefiel. Die Köche manipulierten die Zutaten frei nach ihrem Willen, damit sie zu einem Gericht passen, anstatt deren unverfälschte, sich stetig verändernde Natur zu akzeptieren und damit zu arbeiten. Diese Inszenierungen schienen mir gekünstelt und seelenlos. All diese Restaurants, in denen der Küchenchef, die Technik und der Look der angerichteten Teller wichtiger waren als die Zutaten selbst, konnten mich nicht mehr beeindrucken. Mir war klar, dass es eine Nachfrage dafür gab, aber ich spürte, dass ich etwas anderes wollte. Es war Zeit für eine Veränderung. Ich wollte Gerichte zubereiten, die ich selbst gerne essen würde, wollte mich durch Produkte inspirieren lassen, nicht durch Technik.

Feuer wurde für mich zu einer Art evolutionärem Atavismus, durch den ich mich wieder lebendig fühlte. Die Wiederentdeckung des Feuers war wie ein riesiger Schritt zurück nach Jahren des Nach-vorne-Hastens. Ich hatte gerade meine Arbeit in Frankreich beendet, und ein Freund wollte ins Baskenland, um bei *Mugaritz* ein Praktikum zu beginnen. Ich hatte gehört, dass es damals rund um San Sebastián weltweit die meisten Michelin-Sterne pro Quadratkilometer gab. (Ein Guide Michelin für Japan existierte noch nicht.) Ich war neugierig, was diese spanische Küstenstadt so besonders machte, und beschloss mitzufahren. Als wir die Grenze zum Baskenland überquerten, verstand ich sofort: Dies war *nicht* Spanien.

San Sebastián erlebte im ausgehenden 19. Jahrhundert einen enormen Aufschwung. In der Belle Époque residierten hier während der Sommermonate die Reichen und Schönen. Die Unbeschwertheit endete, als Franco 1939 seine Diktatur über Spanien errichtete. Alles typisch Baskische in Kultur und Politik wurde streng untersagt, die Menschen brachten sich in Gefahr, wenn sie in der Öffentlichkeit ihre angestammte Sprache benutzten. Trotz 40 Jahren politischer und kultureller Unterdrückung bewahrten sich die Basken ihre Identität. Nach dem Ende des Franco-Regimes manifestierte sich der baskische Nationalstolz nicht zuletzt in der Küche.

San Sebastián, so entdeckte ich, ist einer der schönsten Plätze der Welt. Und es gibt hier ein unglaubliches Angebot an gutem Essen und gutem Wein.

Mit meinem Lebenslauf hätte ich problemlos eine Anstellung in einem der besternten Häuser gefunden. Doch die Entwicklung der modernen Küche hielt mich davon ab. Wollte ich weiter in der Branche arbeiten, musste ich etwas finden, das besser zu meinen Vorstellungen passte.

Fasziniert vom Baskenland blieb ich eine Weile und half in einer lokalen Pinxtos-Bar aus. Dort waren die Speisen einfach, aber ehrlich. Ich kochte, was am Tag frisch verfügbar war: Pilze, die ich auf dem örtlichen Markt fand, oder direkt vom Boot gelieferten Fisch. Jeder Tag brachte etwas Neues, doch die Herausforderung, einige kleine, gute Gerichte für die Bar zu kochen, blieb dieselbe. Diese Art zu kochen erschien mir bodenständig, fast instinktiv.

Victor Arguinzoniz und Lennox im *Asador Etxebarri*, September 2009

Eines Abends hörte ich in der Bar von einem Grillrestaurant in den baskischen Bergen. Meine Neugier war geweckt, am nächsten Tag machte ich mich auf die Suche. Ich kannte nur den Namen des Dorfes, Axpe, und den des Restaurants, *Etxebarri* – ein echter Zungenbrecher.

Ich mietete ein Auto und machte mich auf in die Hügel zwischen Bilbao und San Sebastián. Unterwegs verfuhr ich mich mehrmals, doch als ich in den kleinen Ort im Tal von Atxondo kam und das Holzfeuer roch, wusste ich, ich war angekommen. Der Ort, eine kleine Gemeinde, lag inmitten einer atemberaubenden Bergkulisse. Im Zentrum stand das Sandsteingebäude, das mein Leben für immer verändern sollte.

Da ich weder Spanisch noch Baskisch sprach, musste ein Empfehlungsschreiben reichen, das ein mexikanischer Freund für mich ins Spanische übersetzt hatte. Ich klopfte an die Tür.

Als mir geöffnet wurde, war ich überrascht. Köche sind in der Regel an ihrer »Uniform« erkennbar: frisch gestärkt, weiß und förmlich. Doch hier stand ich einem großen Kerl mit blutbeflecktem T-Shirt, Hose und Sportschuhen gegenüber. Das war im Frühjahr 2006. Der Mann, den ich beim Zerlegen eines Rinds störte, war Victor (oder Bittor) Arguinzoniz. Er überflog meinen Lebenslauf und verzog das Gesicht. An Köchen aus Sternerestaurants war er offensichtlich nicht interessiert, und das sagte er mir auch. Trotzdem bat er mich herein, zeigte mir alles und bot mir dann einen Job an. Ich sollte gleich am nächsten Tag anfangen. Ich fuhr nach San Sebastián zurück, um den Wagen abzuliefern.

Am nächsten Tag in aller Frühe machte ich mich auf nach Axpe. Weil ich das örtliche Eisenbahnsystem nicht kannte, kam ich zu spät zu meiner ersten Schicht. Der Bummelzug kurvte durch die Gegend und hielt in jedem kleinen Ort – aus kalkulierten 90 Minuten wurde eine Fahrt von über drei Stunden. In mir stieg Panik auf. Ich bildete mir viel auf meine Pünktlichkeit ein, dies war der erste Tag im neuen Job, und ich wusste, der Mittagsservice stand an. Victor holte mich am Bahnhof ab und beorderte mich direkt an den Grill.

Das war er – mein Augenblick der Offenbarung. Gleich als ich dort ankam, wusste ich, dass diese Art zu kochen mich begeisterte. In einem kleinen Anbau hinter der Hauptküche des Restaurants hingen sechs Edelstahlgrills über offenem Feuer. Jeder Grill war handgefertigt und konnte über ein System aus Rollen, Seilen und Rädern ganz leicht bewegt werden. So etwas hatte ich noch nie gesehen. Dies war ein magisches Instrument, und Victor spielte es meisterhaft. Er hatte das Garen auf offenem Feuer zu einer Kunst entwickeln. Ihn zu beobachten war faszinierend.

Victor glich den Köchen, wie ich sie kannte, überhaupt nicht – er war mehr auf die Speisen und das Feuer fokussiert als auf sein Äußeres. Nach einer Ausbildung zum Elektriker war er in einer örtlichen Fabrik und dann als Waldarbeiter beschäftigt gewesen. Er restaurierte ein zerfallenes Gebäude mitten in seinem Heimatort und eröffnete dort 1989 das Restaurant, das er *Etxebarri* nannte – »neues Haus«.

Victor hieß mich bescheiden in seiner Welt willkommen. Hier führte er ein stilles Zwiegespräch mit dem Feuer.

Die Eröffnung eines *asador* (Grillrestaurant) brachte Leben in das Dorf und Victor eine Einnahmequelle. Hier konnte er seine Leidenschaft für das Kochen ausleben und den Holzfeuerduft aus seiner Kindheit neu entfachen. Die fehlende gastronomische Ausbildung erwies sich als großes Plus: Er respektierte die Tradition, war aber nicht durch sie eingeengt. Seine Schule waren die Jahre, in denen er die subtilen Nuancen von Feuer erforschte und selbst entwickelte Techniken an seinen einzigartigen Kochstil angepasst hatte.

Victor hieß mich bescheiden in seiner Welt willkommen. Hier führte er ein stilles Zwiegespräch mit dem Feuer. Zwei gegensätzliche Welten trafen aufeinander. Trotz ganz unterschiedlicher Karrieren und Sprachen entwickelten wir eine tiefe Beziehung, basierend auf der Wertschätzung von Produkten und der Bereitschaft zu harter Arbeit. Er trug ein weißes T-Shirt, ich ein schwarzes. Als mein Bruder nach dem Grund fragte, antwortete Victor: »Gegensätze ziehen sich an.«

Ich war fasziniert von Victors Art zu kochen – völlig neuartig, wunderbar komplex und dabei so einfach. Sie betonte die Vorzüge der Zutaten in ihrem naturnahen Zustand – unverfälscht und direkt.

Victor und ich kochten für uns selbst und ließen uns von den Zutaten inspirieren. Unermüdlich loteten wir die Möglichkeiten des Grillens über Holzfeuer weiter aus und experimentierten mit verschiedenen Hölzern (das tue ich bis heute). Das altmodische Asador-Menü wurde zugunsten einer kleinen Karte auf Basis der jeweils besten tagesfrisch verfügbaren Produkte gestrichen. Wir grillten alles – von Muscheln bis zu Kaviar.

Beim Kaviar brauchten wir fast ein Jahr bis zur Perfektion. Kritiker waren voller Zweifel: Wie konnten wir ein solch edles Produkt der primitiven Grillhitze aussetzen? Doch wir ließen uns nicht beirren.

Wir suchten nach dem passenden Kaviar für den Grill. Weil die Glut die natürlichen Aromen verstärkt, musste der Kaviar ungesalzen und nicht pasteurisiert sein. Wir probierten Dutzende Varianten, bevor sich iranischer Beluga Imperial 000 als bester erwies.

Dann begann der lange Prozess, die beste Grillmethode dafür zu entwickeln. Versuch und Irrtum führten zur Konstruktion einer Gitterpfanne, die immer weiter verbessert wurde. Wir dachten uns ein Grillsystem mit der Gitterpfanne über Apfelholzglut aus, doch die Hitze war zu trocken. Wir brauchten etwas anderes.

Kurz zuvor hatten wir ein Gericht mit weißem Spargel perfektioniert, der über einem feuchten Moosbett gegrillt wurde. Wir übernahmen dieses Prinzip und ersetzten das Moos durch frische Wakame-Algen. Wir grillten etwas Kaviar auf den Algen über Apfelholz, sodass er warm und leicht rauchig war, aber seinen charakteristischen Biss behielt. Die Kaviarkugeln setzten ein intensives Meeresaroma mit Nuancen von schwarzer Olive und Haselnuss frei. Für mich war das eine Offenbarung.

Wir behandelten alle Zutaten mit der gleichen Sorgfalt und stimmten jeweils Holz und Technik darauf ab. Immer wenn wir etwas Neues ausprobierten, lieferte der Grill ein neues Geschmackserlebnis. Vertraute Rohprodukte entwickelten völlig neue Aspekte. Sie sprachen eine neue Sprache.

Victor und ich kochten für uns selbst und ließen uns von den Zutaten inspirieren.

Wir grillten sogar Foie gras, die ich aus meinen langen Jahren in französischen Restaurants kannte. Eines Mittags wagten wir uns an die noch warme Fettleber einer frisch ausgenommenen Gans. Selbst für uns war das Grillen einer empfindlichen Stopfleber Neuland. Wir garten sie im Ganzen über Kirschholz und beobachteten, wie die Außenseite langsam mahagonibraun karamellisierte. Den Moment, als ich diese Foie gras in den Mund nahm, werde ich nie vergessen: die Außenseite fest, das Innere üppig, rauchig und buttrig. Beim Probieren musste ich mich ganz neu auf das Produkt besinnen – es war, als hätte ich nie zuvor Foie gras gegessen. Und plötzlich realisierte ich das enorme Potenzial von Feuer, die natürlichen Aromen von Speisen zu intensivieren. Das war der Wendepunkt für mich.

Das *Etxebarri* schlug damals einen Weg ein, der völlig konträr zum kulinarischen Mainstream verlief. Spanische Köche hatten damals Hochkonjunktur, sie waren die neuen Könige am Herd und propagierten radikale Ideen, die schließlich in der Molekularküche kulminierten. Von alldem waren wir – geografisch wie kulinarisch – Welten entfernt. Die isolierte Lage in den Bergen bedeutete, dass es keine Ablenkungen von außen gab und wir unseren Weg unbeirrt weitergehen konnten. Zwangsläufig geriet unsere Arbeit ins Blickfeld der internationalen Presse, und das *Etxebarri* wurde zu einem der besten 50 Restaurants der Welt gekürt. Schließlich kam ein Michelin-Stern dazu.

Ich hatte mein Herz an das Feuer und ans Baskenland verloren. Aus dem geplanten einen Jahr in Spanien wurden fünf. Ich hatte für diesen Job alles aufgegeben, meine Beziehungen zu Freunden und Verwandten, um mich in dieses Abenteuer zu stürzen. Ich war bestens assimiliert im Baskenland und zu Victors rechter Hand geworden.

Das *Etxebarri* wird für mich immer ein ganz besonderer Ort bleiben, doch irgendwann war der Punkt da, wo ich das dort für mich Mögliche erreicht hatte. Als sich die Gelegenheit ergab, nach Australien zu gehen, griff ich zu. Ich beschloss, mich der nächsten Herausforderung zu stellen und ein eigenes Restaurant zu eröffnen.

Mein eigenes Restaurant

In meinem Restaurant kochen wir weder mit Gas noch mit Strom. Es gibt zwei Holzöfen, drei Grills und einen mit Holz befeuerten Herd.

EIN EIGENES RESTAURANT WAR EINFACH NÖTIG, um meine Vorstellungen vom Kochen mit Holzfeuer und natürlichen Zutaten zu realisieren. Vier Jahre hatte ich nicht am Herd gestanden. Und jetzt hatte ich nur ein Feuer, einige Zutaten und den brennenden Wunsch, all dies optimal zu kombinieren.

Der Weg dahin war voller Hürden. Ein Restaurant in Sydney zu eröffnen und zu betreiben ist schon allein eine Herausforderung. Mein Wunsch, ausschließlich auf offenem Feuer zu kochen, wurde durch die Standortsuche, Bauvorschriften und Finanzierungsprobleme behindert. Zudem musste ich mit verbreiteten Vorstellungen, was ein Grillrestaurant ist – und was es sein kann – aufräumen. Wenn ich erzähle, dass ich auf Holzfeuer koche, fragen mich die Leute auch heute noch, welche Art Pizza ich serviere.

Die lange Vorlaufzeit bis zur Eröffnung des Restaurants galt es gut zu nutzen, denn der Erfolg des Projekts basiert nicht nur auf meinem erworbenen Können, sondern mindestens ebenso sehr auf den guten Kontakten zu Lieferanten.

Beim Ausbau des *Firedoor* musste ich die Kücheneinrichtung passend zum vorhandenen Raum und unserem einzigartigen Kochstil planen. Ein Kauf nach Katalog war nicht möglich. In meinem Restaurant kochen wir weder mit Gas noch mit Strom. Es gibt hier zwei Holzöfen, drei Grills und einen mit Holz befeuerten Herd. Alle Geräte waren Prototypen, das Restaurant quasi ein Testlabor.

Als Erstes wurden die Öfen gemauert, denn sie sind in vieler Hinsicht die Basis der Küche und »beherbergen« das Feuer. Wir betreiben zwei kuppelförmige Öfen nebeneinander. Sie werden von Tag zu Tag abwechselnd eingesetzt: Der eine liefert die Glut, der andere dient mit seiner Restwärme zum Brotbacken und langsamen Garen von Gemüse, Fisch und großen Bratenstücken. Beim Kochen müssen wir unsere Vorbereitungen sorgfältig auf die vorhandene Hitze abstimmen.

In einem der Öfen wird ein Feuer entzündet, das sich über den Tag langsam entwickelt – von einem Häufchen schwelender Glut bis hin zu einem wahren Inferno. Zur Zeit des Hauptservice erreicht dieser Glutofen Temperaturen bis zu 1600 °C. Man könnte Glas darin schmelzen. Die hohe Temperatur löst im Ofen eine Kettenreaktion aus: Flüchtige Gase entzünden sich und sorgen für eine intensive Glut.

Während des Service legen wir ständig Holz nach. Die Holzart wählen wir passend zu den jeweiligen Gerichten und die Menge nach Anzahl der speisenden Gäste. Im Allgemeinen haben wir sieben Holzarten auf Lager, aus denen wir täglich je nach verarbeiteten Zutaten vier oder fünf passende Sorten auswählen.

Unsere Grills sind eine Weiterentwicklung des Systems, das ich aus Spanien kannte. Für bessere Stabilität und Tragfähigkeit haben wir eine Konstruktion mit zwei anstatt nur einer Rolle entwickelt. Sie arbeitet schneller und präziser. Die Roste sind zur einfachen Reinigung komplett herausnehmbar. So können sich keine unerwünschten Aromen darauf entwickeln. Die getrennten Grills erlauben es, gleichzeitig eine breite Palette von Gerichten zu garen und dabei den Charakter jeder Zutat zu bewahren.

Die Speisekarte wird täglich entsprechend der besten verfügbaren Produkte zusammengestellt. Dieses Konzept lässt uns die größtmögliche Freiheit: Was nicht verfügbar ist oder nicht unseren Qualitätsvorstellungen entspricht, kommt nicht auf die Karte. Die Gerichte werden dort nach ihrem Aromaprofil aufgelistet, angefangen bei leichteren Zutaten bis hin zu den kräftigeren. Der Gast kann sich so nach Wunsch eine zunehmend intensiver schmeckende Speisenfolge zusammenstellen. Nur begrenzt verfügbare Zutaten werden den Gästen vom Service mündlich empfohlen oder in ein Tasting-Menü integriert.

Wir arbeiten mit vielen Bauern, Produzenten und Lieferanten zusammen, die ich ermuntere, mir ihre besten und interessantesten Produkte zu bringen. Ich lade sie ins Restaurant ein, damit sie unser Konzept besser verstehen. Immer wieder betone ich die wichtige Rolle, die sie dabei spielen. Ich bitte sie, mir das zu bringen, was sie gerne essen würden, und koche damit. Jede von mir ausgesuchte Zutat muss irgendwie besonders sein.

Fische und Schalentiere werden erst möglichst kurz vor der Verarbeitung getötet. Farmer bauen für uns ausgewählte Gemüse an und liefern Lamm-, Schweine-, Rind- und Geflügelfleisch. Und alles kommt irgendwie mit Feuer in Kontakt – wir grillen sogar Salat und räuchern Eiscreme.

Das *Firedoor* lässt sich nicht so leicht einer Kategorie zuordnen. Wir sind kein Edelrestaurant, aber auch nicht ausgesprochen leger, wir bemühen uns um einen Mittelweg. Der Fokus liegt auf hochwertigen, stets frisch gegrillten Zutaten in Kombination mit einem freundlichen Service, der den Gästen gerne Auskunft gibt. Die offenen Räume bieten den Gästen einen freien Blick auf die Aktivitäten in der Küche. Es ist meine erste offene Küche, und das Grillen wäre ohne Ablenkung einfacher – doch ich habe nie den einfachen Weg gewählt. Ich möchte die Menschen in meine Welt einladen und zeigen, wie man aus guten Zutaten durch Grillen über Holzfeuer großartige Gerichte zaubern kann.

Ich bin stolz darauf, was ich zusammen mit meinem Team erreicht habe, doch jeder Tag bringt eine neue Herausforderung. Ich arbeite weiter mit Feuer, weil ich meinen Horizont erweitern will, und das spornt die Kreativität an. Das Feuer und die Zutaten sind sich stetig verändernde Variablen, das macht diese Art des Kochens so schwierig, will man gleichbleibend gute Ergebnisse erzielen. Doch das Feuer erinnert mich täglich daran, auf die Zutaten zu hören. Und die Zutaten verraten mir, warum ich meine Arbeit liebe.

Feuer in Geschichte und Kultur

Ein Feuer, auf dem eine gemeinsame Mahlzeit zubereitet wird, ist eine wunderbare Sache – es geht dabei nicht nur um Nahrungsaufnahme.

SCHON SEIT MEHR ALS EINER MILLION JAHRE nutzen Menschen das Feuer. Heute erscheint es vielen einfacher, eine Mikrowelle zu bedienen, als ein paar Holzscheite zum Brennen zu bringen. Aber für sehr lange Zeit war ein offenes Feuer unsere einzige Möglichkeit, Nahrungsmittel zu garen – eine Fähigkeit, die nur der Mensch entwickelt hat. Richard Wrangham vermutet in seinem Buch *Feuer fangen. Wie uns das Kochen zum Menschen macht,* dass diese Fähigkeit möglicherweise der bedeutendste Katalysator für die menschliche Evolution war. Doch dann ging unsere Fähigkeit zur Nutzung von Feuer innerhalb von kürzester Zeit fast wieder verloren – moderne Kochmethoden haben es weitgehend verdrängt. Gasherde gibt es seit etwa 180 Jahren, später kam der Elektroherd hinzu, die jüngste Entwicklung ist Kochen mit Induktion. Und was ist aus unserer Beziehung zum Feuer geworden? Fortschritt ist gut, aber er sollte nie zu Lasten dessen gehen, was uns letztlich zu Menschen macht.

Für die frühen Menschen brachte die Fähigkeit, Nahrungsmittel zu garen, eine entscheidende Wende, und das Feuer stand dabei im Mittelpunkt. Sie erkannten vielleicht nicht, dass der Garprozess Nährstoffe erschließt, doch bestimmt schätzten sie die neue Geschmacksvielfalt. Durch das Garen verändert sich die Struktur von Produkten, Salze, Zucker und andere Verbindungen werden dabei hervorgehoben. Das verändert den Geschmack. Und Kochen veränderte nachhaltig die Art, wie wir aßen und verdauten. Langes Kauen und Verdauen war nicht mehr notwendig, denn gegarte Nahrung war besser aufgebrochen. Die schnellere Kalorienaufnahme und bessere Energiezufuhr gab den frühen Menschen die Möglichkeit, sich anderen Aktivitäten zu widmen. Feuer bildete den Mittelpunkt der Gemeinschaft, es stand für Wärme, Sicherheit und Nahrung.

Durch die Fähigkeit zu kochen unterschied sich der Mensch von allen anderen Lebewesen. Gleichzeitig entstanden Rituale rund um Feuer und Essen, die uns zusammenschweißten. Das Feuer spielte eine Rolle bei der Etablierung von typischen sozialen Rollen und kulturellen Praktiken. Das Feuer und die Zutaten, die darauf gekocht wurden, bildeten die gemeinsame Basis.

Ein Feuer, auf dem eine gemeinsame Mahlzeit zubereitet wird, ist eine wunderbare Sache – es geht dabei nicht nur um Nahrungsaufnahme, sondern genauso um Interaktion, um das Teilen und den Austausch mit anderen. Wie beim Gärtnern, wenn wir unsere Hände in die Erde stecken und die natürliche Schönheit unserer Lebensmittel erkunden, lassen wir am Feuer die wichtige Verbindung mit der Natur und unseren Mitmenschen neu aufleben.

Heute gibt es nicht mehr viele Kulturen, die auf das Kochen mit offenem Feuer angewiesen sind, und der Herd ist nicht länger der Mittelpunkt unseres Heims. Doch das Feuer glimmt an der Basis jeder Zivilisation, denn es hat in jeder Kultur weltweit eine Rolle gespielt. Mich fasziniert die Rolle von Feuer in verschiedenen Teilen der Welt. Obwohl ich nicht mit einer echt chinesischen, japanischen oder argentinischen Sensibilität koche, lasse ich mich doch von diesen Traditionen inspirieren und verwende in meiner Küche Techniken aus vielen Kulturen.

Zu Hause in Großbritannien nutzten wir Feuer zum Kochen nur beim Grillen im Sommer. Doch geht man weiter zurück, stößt man überall auf den Britischen Inseln auf eine reiche Geschichte des Kochens auf offenem Feuer. Die Entdeckung von Erdöfen aus der Bronzezeit weist auf eine Tradition des Backens mit Holzfeuer hin. Die Jäger und Sammler garten Fisch wahrscheinlich in einer Tonhülle, Fleisch wurde traditionell am Spieß gebraten. In Großbritannien und fast ganz Nordeuropa war das Räuchern über Erlen- oder Eichenholz eine gängige Methode des Konservierens, um bestimmte Lebensmittel länger haltbar zu machen.

Auch heute gibt es noch Regionen, in denen über offenem Feuer gekocht wird. Am Mittelmeer gart man Fleisch und Fisch gerne auf dem Rost und würzt mit etwas Salz und Olivenöl. In Spanien gibt es eine ausgeprägte Grilltradition, die jeweils für die Region spezifische Produkte und Holzarten verwendet. In Weinbaugebieten nimmt man Rebholz, in Valencia dagegen Orangenholz (siehe Seite 199, Tomatenreis).

Im Baskenland, einer besonders traditionsbewussten spanischen Region, bevorzugt man das Holz der Steineiche. Basken sind sehr heimatverbunden, der von der Familie bewirtschaftete Hof spielt auch heute für viele noch eine wichtige Rolle. Hier gibt es noch das gemeinsame Mahl am Familientisch, und Feuer ist ein wichtiger Aspekt des Kochens. An der baskischen Küste dominiert Fisch, im Hinterland Fleisch, entsprechend der lokalen Gegebenheiten. Obwohl das *Etxebarri* in den Bergen liegt, servierten wir dort neben Fleisch auch Fisch und Schalentiere.

Während man in Spanien und anderen Ländern auf verschiedene Hölzer mit ihren charakteristischen Aromen setzt, sind die Japaner Pioniere bei der Herstellung von Holzkohle. Diese Tradition reicht dort bis in die Jomon-Zeit um 12 000 v. Chr. zurück. *Binchotan,* die weiße Holzkohle, wird seit 300 Jahren erzeugt. Damals begann man in der japanischen Provinz Kii (Kishu), eine extrem reine Holzkohle aus der dortigen Steinlindeneiche (Ubame-Eiche) herzustellen. Das Verfahren wird heute noch angewendet (siehe Seite 68). Im Hinblick auf Reinheit und Effizienz gibt es beim Kochen über offenem Feuer nichts Besseres als *binchotan.*

In Argentinien und überhaupt in Südamerika ist das Kochen über offenem Feuer vor allem ein geselliges Ereignis. Man entzündet gern ein großes Feuer, um das man sich versammelt, und es wird auch zum Kochen benutzt. Die Flammen berühren das Fleisch nicht direkt, die Glut wird rundherum verteilt, damit es durch die Strahlungshitze langsam gart. Häufig werden ganze Tiere (siehe Seite 190, Ziege) an einem Eisenkreuz befestigt und über dem Feuer geröstet.

Um diese großen Feuer versammeln sich Familien und Dorfgemeinschaften, um so ihre Kultur und auch das getötete Tier zu feiern. Man erweist dem Tier Respekt, indem man alle Teile verwendet. Auch die Innereien kommen auf den Grill, aus den Resten macht man Wurst. Die *parilla* (Bratrost) lässt sich je nach Grillgut zur Kontrolle der Hitze in der Höhe verstellen.

In Brasilien und Nachbarländern wie Bolivien und Uruguay gibt es ähnliche Traditionen. Hier bezeichnet man diese Kochmethode als *churrasco.* In Peru wird über Holzkohle, auf offener Flamme oder mit Steinen gekocht, die im Feuer erhitzt und dann vergraben werden. Diese Technik ist als *pachamanc* (Erdtopf) bekannt.

Auch in vielen Ländern Asiens ist die Tradition nach wie vor lebendig. Verschiedenste Garmethoden mit Feuer werden genutzt, sei es für die Straßenküchen oder große Familienfeste.

Offenes Feuer war lange Zeit unsere einzige Möglichkeit, Nahrungsmittel zu garen – eine Fähigkeit, die nur der Mensch entwickelt hat.

Beim amerikanischen Barbecue geht es um das langsame Garen preiswerter Fleischstücke und deren Aromatisierung durch Rauch, würzige Rubs und Saucen. Das magische Zusammenspiel von Holz, Rauch und Fleisch sorgt für ein ganz besonderes Geschmackserlebnis. In einem versetzt angebrachten Smoker sorgt ein kleines Feuer für den Rauch, der über das Fleisch streicht und es aromatisiert.

Für den Rauch braucht man nicht viel Holz, doch meist gibt es eine weitere Hitzequelle, die den eigentlichen Garvorgang bewirkt. Ein echtes Barbecue ist eine üppige Angelegenheit, und das Raucharoma passt bestens zu den gehaltvollen Zutaten. Inzwischen ist diese Form der Zubereitung in ganz Amerika verbreitet, und viele Restaurants haben sich auf Barbecue spezialisiert.

Und nun zu Australien: Bei meiner Ankunft wusste ich kaum etwas über die hiesigen Traditionen. Der Umzug nach Downunder fiel mir nicht leicht, nachdem ich in einem Teil Spaniens gelebt hatte, wo Kultur und Essen alles sind. Aber der fünfte Kontinent hat einen entscheidenden Vorzug: Er ist nicht durch Traditionen eingeengt und bietet einzigartige Freiheiten. Auf der Basis vielfältiger einheimischer Produkte wird hier eine eigene Küche geprägt, die Einflüsse aus allen hier präsenten Kulturen aufnimmt. Nach meiner Ankunft brauchte ich erst einmal einige Zeit, um die Produkte und die Hölzer mit ihrem ganzen Potenzial zu erkunden.

Ich beschäftigte mich mit der frühen Nutzung des Feuers in diesem Land. Die indigenen Gruppen verfügen über ein einzigartiges, uraltes Wissen, das rund 60 000 Jahre zurückreicht. Sie konnten überleben, weil sie lernten, das Feuer zu beherrschen, es für die Jagd und die Gestaltung ihrer Umwelt zu nutzen.

Noch immer leben einige Gemeinschaften nach diesen alten Traditionen. Die Martu-Aborigines beispielsweise sind die angestammten Besitzer eines Großteils von Central Western Australia und praktizieren alte Jagdmethoden mithilfe von Feuer. Diese Lebensweise gehört zu ihrer Kultur und ist die Grundlage ihrer Existenz. Traditionell tragen sie Glut in langsam brennenden Banksia-Kolben bei sich und können daraus jederzeit ein Feuer entfachen.

Wir bezeichnen Australien als junges Land, was in mancher Hinsicht stimmt, doch aus anderer Perspektive ist es sehr alt. Es wäre ein Fehler, würden wir übersehen, wie die Menschen dieser Kultur ihr Land, seine Produkte und die Art ihrer Zubereitung verstehen. Niemand kennt und schätzt Australien so wie die Aborigines, die seinem Herzschlag lauschen und das kostbare Feuer sorgsam hüten.

Zutaten

Anstatt ein Rezept auszuwählen und dann die nötigen Zutaten zu suchen, wählt man besser zuerst ein Produkt und sucht sich dann ein Rezept dafür.

ES GIBT KAUM EINEN GRÖSSEREN GENUSS als ein gutes Produkt im optimalen Zustand. Es kann uns glücklich machen, uns zum Innehalten und Nachdenken bringen. Riechen Sie an einer reifen Mango. Ziehen Sie eine Karotte aus der Erde, und bewundern Sie die schöne Farbe und einzigartige Form. Graben Sie mit den Fingern im Boden, riechen Sie die Erde und lassen Sie sie auf der Haut trocknen. Die Schönheit der Natur vor unseren Augen ist überwältigend: die Textur einer Zutat, ihr Aroma, ihre Geschmackstiefe, ihre ästhetischen Qualitäten – von den Geräuschen, die sie beim Garen abgibt, gar nicht zu reden.

Nahrungsmittel sollen uns in erster Linie sättigen und nähren, doch sie bieten so viel mehr. Die Wissenschaft bemüht sich, Lebensmittel zu analysieren und zu enträtseln. Das ist natürlich großartig, berührt uns aber nicht emotional. Kochen wir mit unserem Herzen oder mit unserem Kopf? Ich denke, es ist eine Mischung aus beidem, denn irgendwie geht es beim Kochen um eine Balance zwischen dem, was man weiß, und dem, was man fühlt.

Mir scheint, diese Balance ist in den meisten Küchen verloren gegangen. Mit den Zutaten scheint es sich ähnlich zu verhalten wie mit dem Feuer – zu beiden haben wir die Verbindung verloren. Ich finde es befremdlich, dass die Natur nicht stärker geschätzt wird. Heute legt man sehr großen Wert auf das Aussehen von Speisen, doch letztlich kauft man ein Produkt, um es zu essen, und nicht, um es zu betrachten. Man kann sich natürlich an den visuellen Aspekten eines Gerichts erfreuen, doch erst beim Essen zeigt sich die Qualität.

Nicht nur viele Techniken und Verarbeitungsmethoden, auch manche Erwartungen an die moderne Küche bergen die Gefahr, die Zutaten abzuwerten. Das heißt nicht, dass das Ergebnis nicht schön anzusehen und genussreich wäre, doch mir persönlich fehlt dabei der Bezug zum Ausgangsprodukt.

Für einen Koch ist es einfacher, 300 gleichmäßig geformte Radieschen zu ordern, das erleichtert die Kalkulation und die Präsentation auf dem Teller. Landwirtschaftliche Produkte sind aber nicht so gleichförmig. Nahrungsmittel sollten möglichst wenig manipuliert werden, und auch ein Koch sollte nichts vergeuden. Tatsächlich werden besonders gut schmeckende Produkte oft zurückgewiesen, weil sie optisch nicht dem Ideal entsprechen. Alle Teile von Tieren oder von einem Gemüse kann man verwenden, warum werfen wir dann rund 20 % der Einkäufe weg?

Wir sollten flexibler sein und die Natur akzeptieren. Nicht alle Karotten müssen identisch aussehen und auch nicht jeder Fisch. Nimmt man zehn Schollen und gart sie auf die gleiche Weise und gleich lang, werden sie trotzdem nicht gleich schmecken: Fettgehalt und Dicke der Haut unterscheiden sich, ebenso die Beschaffenheit des Fleischs. Mein Wunsch wäre, dass man jede Zutat so behandelt, dass sie ihr Potenzial optimal entfaltet. Man sollte ihre Unterschiede und ihre Einzigartigkeit würdigen.

Deshalb sollte man in der Küche immer von den Zutaten ausgehen. Die meisten von uns lassen sich dagegen von Rezepten leiten. Wenn eine Zutat keine Saison hat, greifen wir zu Importware, getrockneten oder tiefgekühlten Varianten, anstatt eine Mahlzeit aus frisch verfügbaren saisonalen Produkten herzustellen. Allzu leicht verharrt man im gewohnten Trott, anstatt nach der besten Zutat zu suchen, mit der wir vielleicht noch keine Kocherfahrung haben. Einfach ausprobieren, es kann großartig sein!

Der erste Schritt sollte sein, Zutaten im optimalen Zustand auszuwählen. Anstatt ein Rezept auszuwählen und dann die nötigen Zutaten zu suchen, wählt man besser zuerst ein Produkt und sucht sich dann ein Rezept dafür. Minderwertige oder teure Zutaten zu kaufen, nur weil das Rezept sie vorsieht – das sollte der Vergangenheit angehören. Produkte in ihrer Saison zu verarbeiten verspricht einfach mehr Genuss.

Man kann ein Produkt ganz ähnlich wie ein Feuer beobachten: Man sieht, wenn es reif ist, wann es »verwelkt« und sein Optimum überschritten hat. Die Zutat signalisiert uns, wann sie am besten ist – und so wollen wir sie. Jedes Produkt hat eine kurze Phase, in der es außergewöhnlich gut ist. Manche Zutaten sind ganzjährig verfügbar, doch nur in ihrer Hauptsaison schmecken sie einfach exquisit.

Eine Zutat im optimalen Zustand hat Geschmack und Aroma. Gute, konsumreife Produkte zeichnen sich durch eine gewisse Schwere und Dichte aus. Denken Sie an das Gewicht einer reifen Orange: Sie ist voller Saft, und ihre Schale verströmt beim Einritzen ein intensives Zitrusaroma.

Einem hervorragenden Produkt fühlt man an, dass es voller Leben ist. Zwischen gerade aus dem Boden gezogenen Karotten und solchen, die bereits eine Woche im Gemüsefach lagerten, liegen Welten. Die einen sind knackig, die anderen welk und ohne Biss. Es macht keinen Sinn, ein Produkt sorgsam durch Betasten und Riechen auszuwählen und dann zu Hause erst einmal für eine Woche zu vergessen. Der mit so viel Aufwand ausgesuchte Paprika unterscheidet sich dann kaum noch von üblicher Supermarktware. Der flüchtige Moment, in dem ein Produkt seinen Gipfel erreicht, ist verpasst.

In meinem Restaurant weiß ich nie, welcher Fisch am Morgen angelandet wird und welcher besonders verlockend aussieht. Für Farmer wie Fischer spielt das Wetter eine entscheidende Rolle. Die Verfügbarkeit vieler Produkte, gerade der guten, wird wesentlich durch die Naturgewalten bestimmt. Bauern investieren für den Anbau von Gemüse Monate, für die Aufzucht von Tieren oft Jahre, damit wir gutes Essen bekommen. Weil uns der Kontakt zur Landwirtschaft fehlt, fehlt es oft auch an Respekt beim Kochen und Konsumieren. Ich will nicht sagen, dass Konsum ein Übel wäre, doch wir sollten uns mehr für die

In diesem Buch geht es in erster Linie um die Produkte, wie man sie respektiert und ihren Charakter am besten zur Geltung bringt.

Herkunft unserer Nahrung interessieren. Ich bemühe mich, meine Auswahl immer wieder zu überdenken, und das sollten Sie auch tun. Sie müssen nicht gleich ein Aktivist werden, doch Sie sollten darauf achten, was Sie essen.

Die Auswahl guter Produkte beginnt damit, dass man ein Vertrauensverhältnis zu den Menschen aufbaut, die sie liefern: Metzger, Gemüsehändler, Fischhändler und Bauern. Nicht nur hier in Australien findet man großartige Bauernmärkte, eine gute Einkaufsmöglichkeit für alle, die sich einen direkteren Bezug zu den Produkten und kurze Lieferwege wünschen. Dort findet man Fleisch aus artgerechter Aufzucht, gerade erst geerntetes Gemüse und frisch gefangenen Fisch. Als Konsument bekommen Sie so einen direkten Bezug zur Quelle, wie ihn kein Supermarkt bieten kann.

Versuchen Sie mit den Produzenten ins Gespräch zu kommen, und scheuen Sie sich nicht, Fragen zu stellen. Die Lieferkette besteht normalerweise aus vielen Gliedern. Gut also, wenn man sie kennt und nach Möglichkeit abkürzen kann. Von den Erzeugern können Sie viel über Geschmack, Frische und über die Zubereitung von Produkten lernen. Dann können Sie Ihre Zutaten nach Hause tragen und Ihr Menü zusammenstellen.

Je besser Sie die Grundprodukte kennen und schätzen lernen, umso besser können Sie mit ihnen arbeiten. Dieser Lernprozess ist sehr befriedigend, und genau deshalb geht es in meinen Rezepten in erster Linie um die Produkte. Wir müssen sie respektieren und ihre inneren Werte zum Vorschein bringen. Wer mit offenem Feuer gut kochen will, braucht vor allem gute Zutaten – sie sind die Basis. Und daraus kann im Zusammenspiel mit dem Feuer etwas Großartiges entstehen. Ich kenne kein größeres Vergnügen, als ein Produkt beim Garen ganz genau zu beobachten und in jedem Moment zu verstehen, wie es sich verändert.

Die Grundlagen

Hier geht es nicht um Flammen, die einem die Augenbrauen versengen, sondern um das wohlbedachte Garen hochwertiger Zutaten.

IN MEINER AUSBILDUNG wäre ich nie auf die Idee gekommen, an ein eigenes Restaurant zu denken – die Arbeit war hart, und es gab keine Zeit für Träumereien. Ich zog den Kopf ein und bemühte mich voranzukommen. Mir war klar, wo immer ich hinwollte, ich hatte jede Menge zu lernen.

Wie stets im Leben muss man zunächst die Grundlagen beherrschen, um die nächste Stufe zu erklimmen. Eine solide Basis ermöglicht die weitere Entwicklung und eröffnet eine neue Welt des Kochens.

Das Leben kann eine harte Schule sein. Ich erinnere mich an einen Abend im Restaurant, als das Holz vom Regen feucht war, das Feuer nicht genug Sauerstoff bekam und die Glut nicht richtig durchglühen wollte. Schlechte Voraussetzungen, um ein volles Haus zu bekochen. Ich musste von Grund auf neu anfangen: Ein kleines Feuer entfachen und es allmählich mit Brennmaterial und Sauerstoff aufbauen.

Auch heute noch lerne ich immer weiter, etwa wie verschiedene Hölzer unter unterschiedlichen Bedingungen zu unterschiedlichen Jahreszeiten brennen. Erfahrung ist wichtig, um das Feuer zu verstehen und die Sinne dafür zu schärfen.

Hier geht es nicht um das althergebrachte Grillen mit Flammen, die einem die Augenbrauen versengen, sondern um das wohlbedachte Garen hochwertiger Zutaten. Es ist viel präziser, natürlicher und zutiefst befriedigend. Nehmen Sie sich Zeit, und lassen Sie sich darauf ein.

DIE GRUNDLAGEN

Überlegen Sie zuerst, wo gekocht werden soll – drinnen oder draußen? Davon hängt die Luftzufuhr für das Feuer ab. Immer daran denken, dass Feuer unbedingt Luft braucht.

Wie sind die Wetterbedingungen? Ist es warm oder kalt, trocken oder feucht? Kälte und Feuchtigkeit erschweren das Entzünden eines Feuers. Wie sieht es mit dem Wind aus? Möglicherweise braucht Ihr Feuer einen Windschutz.

Welches Holz steht zur Verfügung? Sie sollten Ihr Holz und seine Eigenschaften kennen, denn manche Hölzer verbrennen schneller oder bei höherer Temperatur (siehe Seite 69).

Wo soll Ihr Feuer brennen? Verwenden Sie eine Feuergrube oder einen Holzofen? Die Feuerstelle sollte Ihren Anforderungen entsprechen und Ihnen von der Funktion her vertraut sein (siehe Seite 54).

Ideal für ein Feuer zum Kochen ist ein offener, nicht zu exponierter Bereich. Man möchte ja gerne im Trockenen arbeiten.

DAS FEUER LESEN

Achten Sie auf die Geräusche und sichtbaren Zeichen des Feuers. Lernen Sie, die sechs Phasen eines Feuers (siehe Seite 45) zu erkennen und die heißesten und kühlsten Bereiche zu unterscheiden. Durch genaues Hinhören bekommt man Hinweise, wie intensiv ein Feuer brennt. Rauch begleitet die verschiedenen Stadien des Verbrennens. Flammen und die Farbe der Glut verweisen auf die Intensität der Hitze. Nähere Details liefert der Lebenszyklus des Feuers (siehe Seite 43).

KOCHEN ÜBER OFFENEM FEUER

Es braucht Zeit, um einen sechsten Sinn für die subtile Kunst des Kochens über offenem Feuer zu entwickeln. Man wird ein Feuer nie wirklich kontrollieren, man muss mit ihm arbeiten. Eine Temperaturanzeige gibt es nicht, man ist auf Erfahrung, Geduld und Bauchgefühl angewiesen. Eine echte Herausforderung, aber die Mühe lohnt sich.

Beim Kochen über offenem Feuer geht es nicht nur um das fertige Gericht. Es geht mindestens ebenso sehr um ein besonderes Erlebnis, um die Freude bei der Auswahl der Zutaten und ihre einfache, natürliche Zubereitung. Jeder einzelne Schritt macht das Resultat zu etwas Besonderem.

Es gibt viele Methoden, um Feuer zum Kochen einzusetzen, doch die Hitze wirkt dabei immer entweder direkt oder indirekt ein. Danach entscheidet sich, wie nahe eine Zutat mit der Hitze in Kontakt kommt.

DIREKT Bei der Anwendung direkter Hitze – sicher die einfachste und bekannteste Methode – werden die Produkte auf einem Rost über der Glut gegart, was intensiv und schnell oder sanft und langsam ablaufen kann (siehe Seite 42f., Hinweise zum Lebenszyklus des Feuers). Auch beim Garen in der Glut oder Asche sind die Produkte direkter Hitze ausgesetzt.

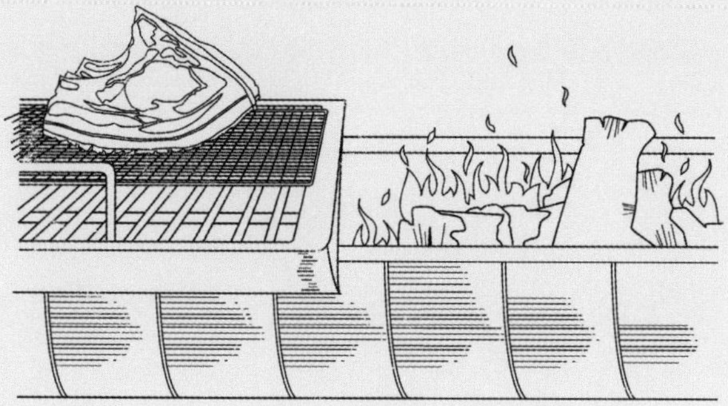

Garen mit indirekter Hitze (versetztes indirektes Garen)

Zwei Zonen (Flammen bzw. Glut)

INDIREKT Indirekte Methoden beruhen auf Wärmeleitung, Strahlung oder Konvektion. Diese Vorgänge können durch Medien wie eine Gusseisenpfanne oder eine Grillplatte über dem Feuer erfolgen. Auch das Garen in einer Salz- (siehe Seite 158, Schnapper in der Salzkruste) oder Tonhülle (siehe Seite 176, Das Huhn des Bettlers) fällt in diese Kategorie.

Man kann die Speisen auch neben der Wärmequelle platzieren. Ich bezeichne das als indirektes, versetztes Garen. Diese Variante eignet sich gut zum langsamen Auslassen von Fett, denn sie verhindert, dass Fett direkt auf die Kohle tropft und aufflammt (siehe Seite 187, Schweinekotelett).

Manchmal wird man eine Kombination beider Methoden wählen und zunächst mit direkter, dann mit indirekter Hitze garen oder umgekehrt. Auch beim gleichzeitigen Garen mehrerer Zutaten können beide Varianten erforderlich sein. Man richtet dazu zwei Feuerzonen ein: In einer entzündet man das Holz, das zum indirekten Garen genutzt werden kann. Wenn sich Glut gebildet hat, kann man sie in eine zweite Zone verlagern und zum direkten und indirekten Garen nutzen.

Für den Anfang sollten Sie sich nicht zu viel vornehmen. Wählen Sie einige einfache Zutaten, entzünden Sie ein Feuer, und warten Sie dann, bis die Flammen erlöschen und eine gute Glut entstanden ist. Halten Sie einen Handrücken in 30 cm Abstand über die Glut. Wie lange können Sie die Glut ertragen? Daraus lassen sich Rückschlüsse auf die Temperatur ziehen. Näheres finden Sie in der Tabelle auf Seite 43. Sie werden heißere und kühlere Bereiche der Glut erspüren. Die Intensität der Glut zeigt an, wann das Feuer zum Kochen bereit ist.

DIE SINNE SCHÄRFEN

Das Feuer verrät Ihnen, wann es zum Kochen bereit ist, und das Produkt verrät, wann es fertig gegart ist. Man muss nur genau aufpassen und die Signale deuten lernen. Hier ist Bauchgefühl gefragt, nicht die Wissenschaft. Wer mit offenem Feuer kocht, braucht geschärfte Sinne. Je öfter man es praktiziert, umso besser versteht man, wie die Zutaten auf die Hitze reagieren.

Die sechs Phasen des Feuers (siehe Seite 45) haben Sie verinnerlicht, jetzt ist Geduld gefragt. Man kann nicht ein Feuer entfachen und dann weggehen in der Erwartung, alles Weitere würde sich von selbst ergeben.

Vom Grill wird man ganz unterschiedliche Geräusche hören, je nachdem, ob Krebsfleisch in der Schale tanzt und knallt, Fischhaut beim Ausbacken des Fetts knistert oder eine Aubergine pfeift, wenn der Dampf austritt. Als ich das erste Mal Abalone über der Glut grillte, war da ein sanftes Knacken, das ich höchst erstaunlich und wunderschön fand. Mit der Zeit erkennen Sie diese Geräusche und können sie immer besser deuten.

Es mag seltsam klingen, doch wenn ich mit offenem Feuer koche, fühle ich mich eins mit dem Produkt. Das Feuer fesselt mich, und ich gehe vollkommen im Augenblick auf. Diese tiefe Beziehung macht es möglich, das Beste aus den Zutaten herauszuholen.

Das Feuer verrät Ihnen, wann es bereit ist, und das Produkt verrät, wann es fertig gegart ist. Hier ist Bauchgefühl gefragt.

MIT ODER OHNE »PATINA«

Für mich muss die Ausrüstung perfekt sauber sein, bevor man mit dem Kochen beginnt. Saubere Geräte bewahren und unterstützen die Reinheit der Aromen eines Produkts während der Zubereitung. Manche meinen, ein Grill müsste wie ein Wok oder eine Gusseisenpfanne eingebrannt werden und eine Patina bekommen. Will man aber ganz unterschiedliche Dinge darauf garen, dann stören die verbliebenen Aromen. Ein Grillrost ist kein Aromenreservoir. Ich habe in einem Restaurant einmal ein perfekt zubereitetes Kängurusteak gegessen, das durch den Geschmack des Lachses, der kurz zuvor auf demselben Grill gegart wurde, komplett ruiniert war. Reinigen Sie Ihren Grillrost also nach jeder Verwendung und bei Bedarf auch zwischen den einzelnen Zutaten.

DIE EIGENEN GRENZEN KENNEN

Versuchen Sie nicht, gleich beim ersten Mal für zehn Leute zu kochen. Es bleibt noch genug Zeit, um ganze Gruppen zu verköstigen, und die Rezepte in diesem Buch werden Ihnen dabei helfen. Zunächst gilt es, Erfahrungen zu sammeln.

Wie immer im Leben gibt es kein gutes Resultat ohne Mühe. Wer mit offenem Feuer kocht, muss dieser Aufgabe seine ungeteilte Aufmerksamkeit widmen, dabeibleiben und den richtigen Moment abpassen. Konzentration ist angesagt, denn bei der enormen Hitze kann der richtige Zeitpunkt im Nu vorbei sein. Ein Timer nützt hier gar nichts – Sie müssen genau hinsehen, lauschen, riechen, fühlen und sich trauen, Entscheidungen zu treffen. Die Mühe lohnt sich!

DER LEBENSZYKLUS EINES FEUERS

Nur anzünden und schon lodern bernsteinfarbene Flammen – ganz so einfach ist es nicht, denn ein Feuer ist ziemlich komplex, eine als Verbrennung bezeichnete chemische Reaktion. Dabei wirken im Wesentlichen die drei Komponenten in einer Kettenreaktion zusammen: Hitze, Brennstoff und Sauerstoff. Alle drei sind für ein Feuer notwendig. Zum besseren Verständnis kann der Verbrennungsvorgang von Holz in sechs Stadien aufgeteilt werden: Anzünden, Rauch, Flammen, Glut, Asche und schließlich verkohltes Holz (siehe Seite 45). Wer auf offenem Feuer kochen will, muss die einzelnen Phasen erkennen und richtig deuten können.

LEBENSZYKLUS EINES FEUERS

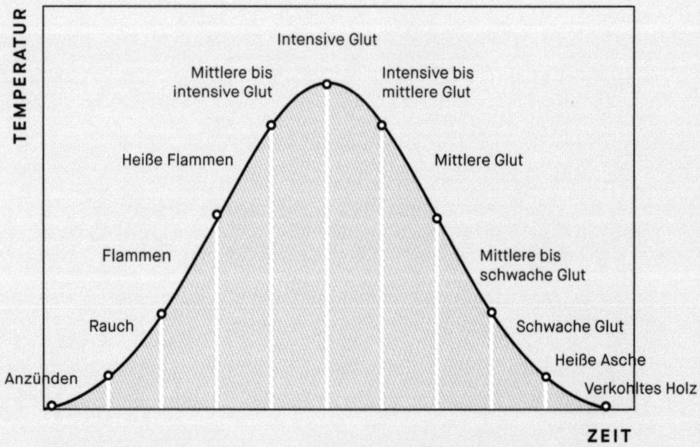

Die Tabellen oben und rechts zeigen detailliert den Lebenszyklus von Feuer mit der Beschreibung und ungefähren Temperaturangabe für jedes Stadium. Für die Hitzeprobe hält man den Handrücken 30 cm über den höchsten Punkt des Feuers und zählt, wie lange man die Hand dort lassen kann, bis es unangenehm wird.

TEMPERATUR-VERLAUF	FEUER	BESCHREIBUNG	FARBE	TEMPERATUR-BEREICH (variiert je nach Holzart)	HITZEPROBE (30 cm über dem Holz)
Ansteigende Temperatur	Rauch	Flackern, dichter Rauch	Gelbe Flamme, dunkles Holz	100–200 °C	20–30 Sekunden
	Flammen	Hohe Flammen und Rauch, flüchtige Verbindungen werden freigesetzt	Bernsteinfarben	200–300 °C	10–20 Sekunden
	Heiße Flammen	Mittlere Flammen, etwas Rauch, flüchtige Verbindungen entzünden sich	Orange	300–600 °C	5–10 Sekunden
	Mittlere bis intensive Glut	Niedrige Flammen, exothermische Reaktion sorgt für maximale Hitze	Weiße Asche auf roter Glut	600–1200 °C	1–3 Sekunden
Maximale Temperatur	Intensive Glut	Das Temperaturmaximum des brennenden Materials ist erreicht	Helles Orange, fast Weiß	1200–1600 °C	Weniger als 1 Sekunde
Sinkende Temperatur	Intensive bis mittlere Glut	Keine Flammen, intensive Hitzestrahlung	Weiße Asche auf roter Glut	1000–1400 °C	1–3 Sekunden
	Mittlere Glut	Keine Flammen, mittlere Hitze, aufgebrochene Struktur	Feine weiße Asche auf hellorangefarbener Glut	800–1000 °C	3–5 Sekunden
	Mittlere bis schwache Glut	Keine Flammen, zerbrechliche Glutstücke	Grau-weiße Asche auf ockergelber Glut	600–800 °C	5–10 Sekunden
	Schwache Glut	Glut zerfällt	Dicke weiße Asche auf schwach brennender Glut	300–600 °C	10–15 Sekunden
	Heiße Asche	Restwärme	Weißlich-graue Asche	100–300 °C	Mehr als 60 Sekunden
	Verkohltes Holz	Kalte Reste	Unverbrannte Kohle	0–40 °C	k. A.

Die sechs Phasen eines Feuers

1 Anzünden

2 Rauch

3 Flammen

4 Glut

5 Asche

6 Verkohltes Holz

1 **ANZÜNDEN** In der ersten Phase des Feuermachens setzt ein Zündfunke die Verbrennung in Gang.

Es mag seltsam klingen, doch die Temperatur des Brennmaterials beeinflusst dessen Entzündbarkeit und das Weiterbrennen. Wärme ist deshalb grundlegend für Feuer.

Jedes Feuer beginnt mit dem Anzünden durch ein Streichholz, Reibung, Blitz oder gebündeltes Licht. Wählen Sie eine möglichst natürliche Zündhilfe. Behandeltes Holz kann die Speisen verderben oder toxische Stoffe enthalten. Manche Anzündhilfen arbeiten mit leicht entflammbaren Verbindungen, also vorsichtig damit hantieren.

2 **RAUCH** Sobald das Holz entzündet wurde, beginnt es zu rauchen, denn durch die zunehmende Wärme verdunstet Wasser, und CO_2 wird freigesetzt. Das Holz produziert weißen Rauch, bis die Temperatur für eine vollständige Verbrennung erreicht ist.

3 FLAMMEN

FLAMMEN Jetzt entwickeln sich Flammen und das eigentliche Feuer. Das Holz verbrennt, Flammen lodern auf, und die Hitze löst flüchtige Gase. Bei zunehmender Erhitzung ist irgendwann der Punkt erreicht, bei dem die freigesetzten Gase sich in einer exothermen Reaktion entzünden und eine enorme Temperatur erzeugen.

Das Feuer sollte vor Erreichen dieses Punkts gut mit Holz bestückt sein, denn ein Nachlegen würde in diesem Stadium die Temperatur senken. In der Realität laufen mehrere Phasen der Holzverbrennung gleichzeitig ab. Holzgase können aufflammen, während die Kanten der Scheite rot glühen und aus dem Inneren noch Wasserdampf austritt.

Man kann das Feuer jetzt schon zum Kochen nutzen, solange die Flammen nur indirekt oder seitlich einwirken. Sie sollten keinen direkten Kontakt mit den Produkten haben.

In dieser Phase entwickelt sich blauer Rauch (im Gegensatz zu den dichten weißen Rauchschwaden zuvor), der sich gut zum Räuchern eignet. Man kann das Räuchergut direkt über das Feuer hängen (Heißräuchern) oder zum Kalträuchern den Rauch in eine Räucherkammer leiten.

Sobald bestimmte Inhaltsstoffe des Holzes verbrannt sind, erlöschen die Flammen, die Hitze steigt, und es bildet sich Glut.

4 **GLUT** Die Glut ist nichts anderes als glühendes Holz. Jetzt sind als brennbare Materialien nur noch Kohlenstoff und Zuckerketten aus Zellulose, Hemizellulose und Lignin im Holz übrig.

Beim direkten Garen sollten aus der Glut keine Flammen mehr schlagen. Die meisten machen den Fehler, über Flammen zu grillen, dabei liefert die Glut die intensivste, beständigste und sauberste Hitze. In den Flammen verbrennen flüchtige Gase, die Speisen verderben können. Beim Kochen über Glut können natürliche Fette, Öl und Säfte aus dem Gargut heruntertropfen und Flammen bilden. Diese sollte man aber nicht mit den Flammen eines Holzfeuers verwechseln. Jetzt ist der ideale Zeitpunkt zum Garen.

Je nach Holzart wird die Glut in gleichmäßige Stücke zerbrechen oder wie Glas zerspringen. Schließlich erreicht die Temperatur der Glut ihren Höchststand. Man kann bereits beim Anstieg kochen, doch die konstanteste Wärme und damit die besten Voraussetzungen bietet die Plateauphase. Das Nachlegen von Holz ist in Ordnung, doch es sollte bedacht geschehen, denn die Flammen müssen wieder niederbrennen und die Hitze erneut ansteigen.

Nach Durchschreiten des Hitzeplateaus beginnt die Glut zu zerfallen und ihre Temperatur zu sinken. Dies ist der ideale Zeitpunkt, um ganze Fischhälften zu grillen: Zunächst wird der Fisch mit der Hautseite über der intensiven Glut gegart, dann zum Weitergaren über sanfterer Hitze auf die Fleischseite gedreht.

Die Glut wird nun von feiner Asche überzogen und erscheint fast erloschen, doch unter der Ascheschicht schlummert noch eine enorme Hitze. Erst mit der darübergehaltenen Hand spürt man das genau.

5 **ASCHE** Die völlig zusammengefallene Glut bildet die Asche. Die aus Kalzium- und Kaliumverbindungen bestehende weißliche Asche speichert noch eine schöne Restwärme. Die dünne Schicht liefert eine ideale gleichmäßige Hitze zum langsamen Garen von Zutaten wie Zwiebeln, Kartoffeln und Eier.

6 **VERKOHLTES HOLZ** Nach dem Erkalten bleiben erloschene, unverbrannte Holzreste vom Feuer übrig. Sie eignen sich zwar nicht mehr zum Kochen, wohl aber als Basis zum Anzünden des nächsten Feuers.

Feuerstelle, Ofen oder Grill?

Genießen Sie das wahnsinnig befriedigende Gefühl, ein Feuer zu entfachen, statt einfach nur einen Schalter zu drehen.

FEUER MACHEN HAT ETWAS MAGISCHES. Zuerst muss man sich Zeit nehmen, um Zweige zu sammeln und Holz zu hacken. Und wenn wir dann unser Feuer anzünden, ist dieser ursprüngliche Akt ein erfüllendes Ritual.

Als Kind war ich immer fasziniert, wenn mein Vater ein Lagerfeuer entfachte. Sobald das Papier entzündet war, entwickelte sich das Feuer mit ungeheurer Energie, die Flammen erfassten das Holz und erfüllten die Luft mit süßen Rauchschwaden.

Wenn Sie ans Feuermachen gehen, sollten Sie sich über Ihre Ziele im Klaren sein. Wie tief wollen Sie in die Welt des Feuers vordringen? Brauchen Sie nur gelegentlich ein Feuer, etwa wenn Freunde zu Besuch kommen, oder wollen Sie oft mit Holzfeuer kochen, sich also intensiv damit beschäftigen?

Kunstvolle Vorrichtungen, an denen ganze Tiere an Ketten oder Kreuzen über dem Feuer hängen, sehen beeindruckend aus, werden aber in der Praxis eher selten gebraucht. Nur die wenigsten werden sich eine riesige Feuerstelle bauen, um dort ganze Schweine oder Lämmer zu braten.

Im Alltag ist ein komplettes Umschwenken auf das Kochen mit Holzfeuer eigentlich unmöglich. Aber auch wer es nur gelegentlich nutzt, sollte wissen, welche verschiedenen Möglichkeiten es gibt – abhängig von Platz und Nutzungshäufigkeit. Feuer ist sehr vielseitig: Man kann nicht nur darüber, sondern auch daneben, darunter und darin kochen.

FEUERSTELLE

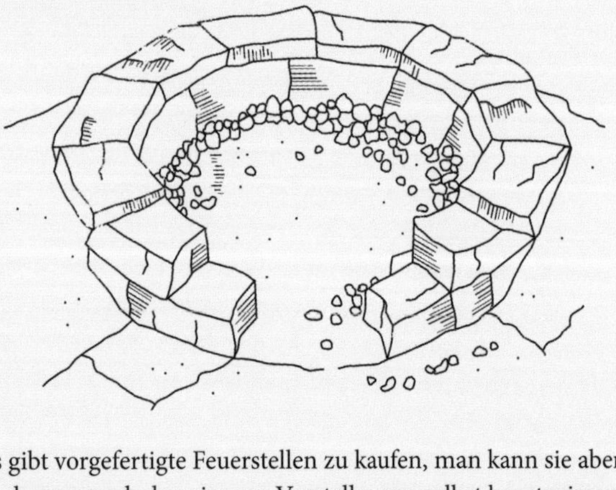

Es gibt vorgefertigte Feuerstellen zu kaufen, man kann sie aber auch ganz nach den eigenen Vorstellungen selbst konstruieren. Das ist ein ganzes Stück Arbeit, doch am Ende steht das befriedigende Gefühl, ein Feuer entfachen zu können, ohne einen Schalter zu betätigen. Glauben Sie mir, diese Erfahrung wird Ihre Einstellung zum Grillen nachhaltig verändern. Eine selbst gebaute Feuerstelle ist auch die preiswerteste Lösung.

Allerdings lässt sich eine solche Feuerstelle nicht so einfach verlagern, wenn das Wetter Probleme macht oder falls man umzieht. Eine gute Alternative sind transportable Feuerschalen aus Stahl, die man auf den Boden stellt. Man kann sie in verschiedenen Formen und Größen kaufen – sie sollten nicht zu klein gewählt werden, um die Möglichkeiten nicht zu sehr einzuschränken.

Wenn Sie genug Platz haben, bauen oder kaufen Sie eine Feuerstelle, die zwei Feuerzonen (siehe Seite 41) zulässt. So können Sie ein Feuer unterhalten, um Glut zu gewinnen, die dann zum Kochen in einen anderen Bereich verlagert wird. Das Feuer kann nach Bedarf weiter geschürt werden.

Am besten kleidet man die Feuerstelle mit Steinen, Hohlblocksteinen oder feuerfesten Ziegeln aus, um die Hitze zu speichern und die Feuerstelle sicher zu umgrenzen. Ziegel bieten sich auch als Windschutz und zum Bau von Auflagen für den Grillrost an.

HOLZOFEN

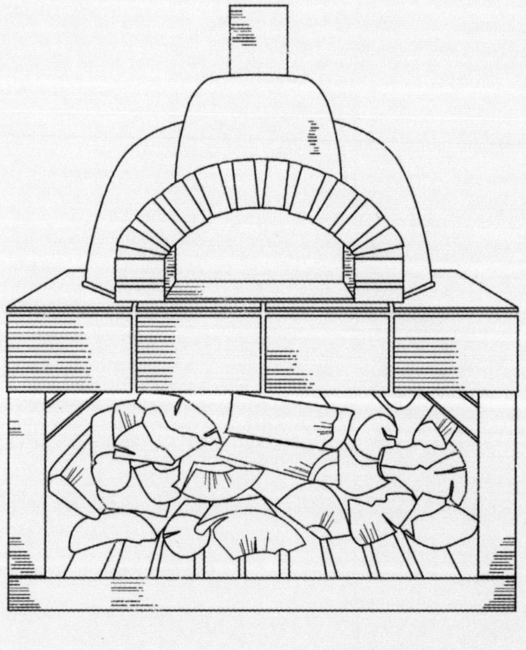

Holzbeheizte Öfen sind eine Weiterentwicklung der Erdöfen, die in allen Teilen der Welt eine jahrtausendealte Geschichte haben. Viele Kulturen haben zu dieser Weiterentwicklung beigetragen. So gab es im antiken Griechenland unterschiedliche Ofentypen für unterschiedliche Brotsorten.

Man unterscheidet direkt und indirekt beheizte Holzöfen: Am gängigsten sind direkt beheizte Öfen, in denen die Speisen im selben Bereich gegart werden, in dem das Holz verbrennt. Oft ist der Backraum innen gewölbt, um die Hitze zu speichern und gleichmäßig zu verteilen. Bei indirekt beheizten Öfen verbrennt das Holz in einer separaten Brennkammer. Der Backraum ist niedriger und gut isoliert, um eine konstante Temperatur zu liefern.

Die meisten denken bei einem Holzbackofen an Pizza, doch er lässt sich vielfältig einsetzen – vom Räuchern über das langsame Schmoren bis hin zur kontrollierten Gewinnung von Glut. Diese Glut kann dann nach Bedarf in den Grill gefüllt werden.

In meinem Restaurant *Firedoor* bilden die beiden Holzöfen das Zentrum der Küche. Für den Restaurantbetrieb musste ich Öfen entwickeln, die auch eine extreme Hitze von bis zu 1600 °C aushalten. Die meisten holzbefeuerten Öfen sind für solche Temperaturen nicht ausgelegt. Daran sollten Sie denken, speziell wenn Sie harte Laubhölzer einsetzen, die mit hoher Temperatur verbrennen (siehe Seite 70, Tabelle der Holzarten).

Wer mit einem Holzofen arbeitet, muss genau wissen, wann Brennmaterial nachzulegen und wie die Luftzufuhr zu regulieren ist. Durch das Schließen der Ofentür oder des Abzugsrohrs wird die Sauerstoffzufuhr reduziert, was die Glutbildung unterstützt. Allerdings wird dabei auch das Feuer gedrosselt. Ein Feuer von der Sauerstoffzufuhr abzuschneiden kann zu einer heftigen, gefährlichen Reaktion führen, sobald wieder Luft zuströmt. Ich habe erlebt, dass dabei eine Ofentür herausgerissen wurde und zwei Meter durch die Luft flog. Feuer ist und bleibt eine Naturgewalt.

Egal, für welchen Ofen Sie sich entscheiden, achten Sie darauf, dass er den hohen Temperaturen standhält. Und das Feuer immer kontrollieren und nie unbeaufsichtigt lassen!

ÖLFASS

Ein ausrangiertes Ölfass (ca. 200 l) kann als Grill genutzt werden, wenn zuvor alle Reste von toxischen Stoffen gründlich entfernt werden. Das Fass wird quer aufgeschnitten und auf einem Gestell befestigt.

Kleiden Sie das Fass mit feuerfesten Ziegeln aus, um es zu isolieren. Ein nacktes Stahlfass verliert rasch Hitze und hält außerdem einem Holzfeuer nicht lange stand. Holzkohle ist weniger problematisch.

GRILL

Auch ein Grill sollte sorgfältig ausgewählt werden. Auf dem Grillrost werden die Zutaten über der Glut (nicht über den Flammen, immer daran denken!) platziert und gegart. Die Möglichkeit, den Rost in der Höhe und auch seitwärts zu verstellen, gestattet eine bessere Kontrolle über den Garvorgang.

Passend zur Grillmethode werden Roste aus verschiedenen Materialien angeboten. Gusseisen ist hervorragend, leitet die Hitze aber so gut, dass schwere Brandmarken entstehen können. Im *Firedoor* verwenden wir Edelstahlroste. Sie sind leichter und damit einfacher zu justieren. Die Stäbe sind rund, um die Wärmeübertragung zu minimieren.

Vor meiner Zeit in Spanien dachte ich, etwas Gegrilltes braucht die eingebrannten Abdrücke des Rostes. Doch eigentlich sollte man ein Produkt garen können, ohne dass es dazu kommt. Heute ärgert es mich, wenn der Rost zu heiß wird und schwarze, bittere Brandmarken hinterlässt. Großartige Karamellaromen können auch auf andere Weise erzeugt werden. Und es ist der Geschmack der Zutaten, der zählt.

GRILLGITTER

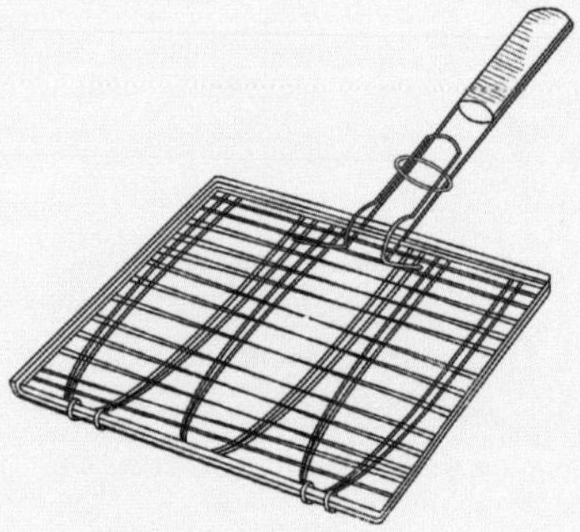

Grillgitter gibt es in vielen Formen und Größen. In diesem Buch verwende ich zwei Hauptvarianten:

- einen verschließbaren Grillkorb mit Griff (oben)
- ein Abkühlgitter, wie es auch für Kuchen verwendet wird

Zusammenklappbare Grillkörbe sind sehr praktisch, weil die darin fixierten Produkte gut über der Glut platziert und bewegt werden können. Abkühlgitter eignen sich gut, um kleinere Stücke direkt über der Glut zu grillen. Große Grillroste (siehe Seite 55) verwende ich für größere Stücke.

GRILLPLATTE

Eine flache Platte aus Gusseisen oder Stein, die man direkt über einem Feuer anbringen kann, ohne warten zu müssen, bis es zur Glut abgebrannt ist. Eine nach oben gewölbte runde Metallplatte, *sac* oder *tava* genannt, dient im Nahen Osten zum Backen von Fladenbrot auf der kuppelförmigen Außenseite. Man kann sie umdrehen und als Wok verwenden.

INFIERNILLO

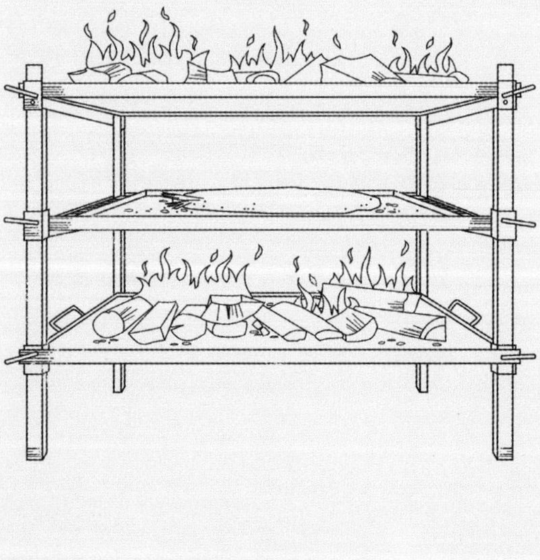

Der *infiernillo* (»kleine Hölle«) ist eine Grillvorrichtung aus Südamerika, die der herkömmlichen Grillplatte eine zusätzliche Dimension verleiht. Eine zweite Feuerebene über dem Grillgut sorgt für intensive, gleichmäßige Hitze. Francis Mallmann ist ein entschiedener Verfechter des *infiernillo*, den er für seinen Stil des argentinischen Grillens verwendet.

GUSSEISERNE PFANNEN

Pfannen aus Gusseisen sind sehr vielseitig und praktisch unverwüstlich. Man kann sie vom offenen Feuer in den Ofen und von dort direkt auf den Tisch stellen. Gusseisen transportiert und verteilt Wärme gut und gleichmäßig. Es speichert die Hitze, sodass die Zutaten auch abseits des Feuers weitergaren. In gusseisernen Pfannen erhalten die Zutaten ein besonders intensives Aroma.

DUTCH OVEN

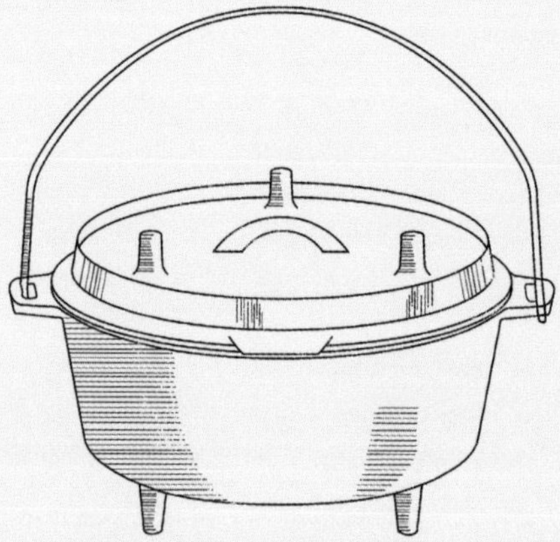

Ein *dutch oven* ist ein großartiges Küchenutensil. Dieser Gusseisentopf mit großem Henkel ist für die Ewigkeit gemacht – ein Stück, das sich oft über Generationen vererbt. Mit aufgelegtem und mit Kohle befülltem Deckel ergibt sich ein effizienter Ofen, der dank seiner Standfüße direkt ins Feuer gestellt werden kann. Er eignet sich gut für Schmorgerichte, die lange köcheln müssen, und sogar zum Kuchenbacken (siehe Seite 207, Orangenkuchen).

PAELLA

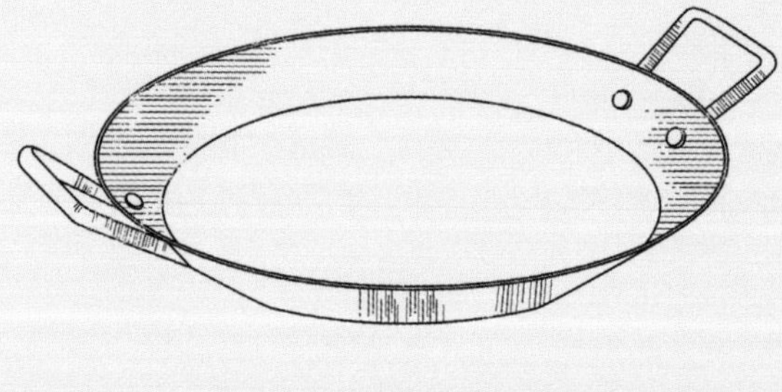

Die weite, niedrige Pfanne, in der das berühmte gleichnamige Reisgericht aus Valencia (siehe Seite 199, Tomatenreis) zubereitet und serviert wird. Damit eine krosse Basis *(soccarat)* entsteht, darf der Reis nicht umgerührt werden. Der flache, weite Boden der Pfanne ermöglicht ein gleichmäßiges Garen.

ASADO-KREUZ

Ein Asado-Kreuz ist eine Stahlkonstruktion zur Befestigung großer Fleischstücke oder ganzer Tiere. Das Fleisch wird auf dem Kreuz ausgebreitet befestigt und senkrecht neben dem Feuer platziert. Zur Regulierung der Hitze kann man den Abstand zum Feuer verändern und das Kreuz zur Glut hin oder von ihr wegneigen (siehe Seite 190, Ziege).

TON

Ton ist ein großartiges Medium, um Speisen darin zu garen. Er verteilt die Hitze gleichmäßig und sorgt für einen Austausch zwischen Feuer und Gargut. Das poröse Material ist durchlässig für die rauchigen Aromen der Glut, gleichzeitig hält es die intensivste Hitze ab. Man kann Töpfe wie eine Tajine daraus machen oder bestimmte Zutaten wie Hähnchen (siehe Seite 176, Huhn des Bettlers), Fisch und Gemüse damit umhüllen und backen.

BRENNEISEN

Branding, das Aufsetzen eines heißen Brandeisens auf ein Produkt, bewirkt ein »Grillen« von oben, was besonders beim Karamellisieren von Zucker oder dem Schmelzen von Käse (wie beim Raclette) hilfreich ist. In Spanien behandelten wir frische Schafsmilch mit einem Brenneisen, um dem Dessert *cuajada* den typischen Brandgeschmack zu geben.

FEINES DRAHTSIEB

Feine Siebe verwendet man wie Bratpfannen zum Garen kleiner oder empfindlicher Stücke entweder über oder in direktem Kontakt mit der Glut.

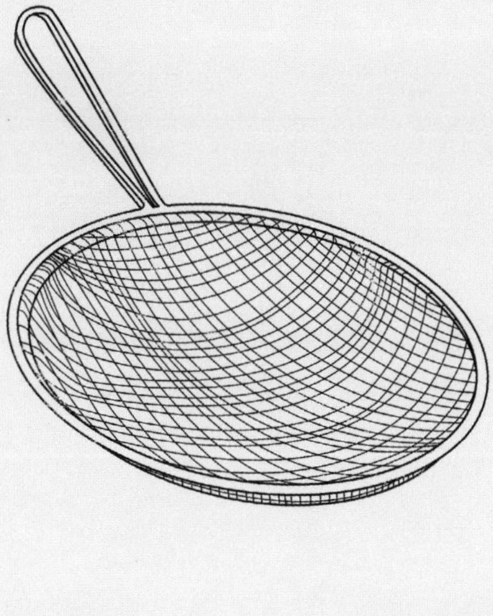

SPIESSE

Spieße gehören in manchen Gegenden zur kulinarischen Tradition. Ihre Länge variiert, gefertigt werden sie aus Holz oder Metall. Sie erleichtern die Handhabung kleinerer Teile (siehe Seite 175, Entenherzen) und ermöglichen zudem das Garen direkt über der Glut (siehe Seite 164, Aal). Metallspieße unterstützen eine gleichmäßige Wärmeverteilung.

SCHÜRHAKEN

Ein Schürhaken hilft, das Feuer unter Kontrolle zu halten. Damit werden brennende Holzscheite zerkleinert und die Glut verteilt, um ein gleichmäßiges Garen abseits der Flammen zu ermöglichen.

KOHLESCHAUFEL

Ebenso wie der Schürhaken ist eine Schaufel unverzichtbar, um die Glut nach Wunsch zu verteilen.

METALLRECHEN

Ein Rechen eignet sich gut, um die Glut im Holzofen oder in einer Feuergrube zu verschieben. Der Rechen wird dabei sehr heiß, ein Holzgriff ist deshalb ungeeignet.

GRILLZANGEN

Ein Sortiment von Zangen ist sehr praktisch. Kräftige Zangen helfen bei der Handhabung großer Teile, kleinere eignen sich für empfindlichere Zutaten wie Gemüse und Fisch.

SPRÜHFLASCHE

Eine Sprühflasche ist unentbehrlich, um Zutaten auf dem Grill mit einem feinen Feuchtigkeitsnebel zu überziehen.

AXT UND HACKKLOTZ

Zum Holzhacken braucht man eine schwere Axt oder ein Beil.

HANDSCHUHE

Hitzefeste Handschuhe sollten immer bereitliegen, um einen Grillrost zu versetzen oder heiße Utensilien zu greifen.

Feuer machen

Egal, welche Ausstattung man wählt, die grundlegenden Schritte beim Feuermachen sind immer dieselben. Brennmaterial, Hitze und Sauerstoff sind die drei Elemente, die hier zusammenwirken. Viele haben Probleme beim Feuermachen, weil sie nicht beachten, dass Sauerstoff und Hitze genauso wichtig sind wie das Brennmaterial. Oft werden diese drei Elemente als Dreieck dargestellt – fehlt eines, brennt das Feuer nicht.

Je nach Gegebenheiten und verfügbaren Materialien gibt es viele Wege, um ein Feuer anzuzünden. Ich bevorzuge die Blockhaus-Methode, die für gute Luftzufuhr sorgt. Im Unterschied zu anderen Varianten stürzt dieser Aufbau nicht ein, und man kann das Feuer direkt zum Kochen nutzen.

1. Eine stabile Grundlage schaffen: Zwei Holzscheite mit etwa 30 cm Abstand parallel zueinander hinlegen.
2. Zwei weitere Holzscheite ebenfalls mit 30 cm Abstand quer über die ersten beiden Holzstücke legen. So wird das Feuer stabilisiert und gleichzeitig vor Wind geschützt.
3. Vier Anmachhölzer über das zweite Paar Holzscheite legen, um einen Hohlraum zu schaffen.
4. Den Zunder in die Spalten zwischen das Anmachholz stopfen.
5. Vier weitere Anmachhölzer darüberlegen, um den Zunder abzudecken.
6. Zwei weitere Holzscheite neben dem Anmachholz quer auf das zweite Paar Holzscheite legen.
7. Zunder auf die zweite Lage mit Anmachholz legen.
8. Die letzten beiden Holzscheite quer auf die dritte Lage legen. Auf einen offenen, luftdurchlässigen Aufbau achten.
9. Den Zunder in den einzelnen Lagen entzünden, um erste Flammen zu entfachen, die dann auf den ganzen Aufbau übergreifen. Zur Unterstützung der Verbrennung vorsichtig Luft einblasen.

DAS WIRD GEBRAUCHT

8 Holzscheite aus trockenem Laubholz

8 Anmachhölzer aus trockenem Nadelholz wie Kiefer

1 Handvoll trockener Zunder, wie Kiefernnadeln, trockenes Gras, kleine Zweige, Nadelholzspäne

Zündmittel wie Streichhölzer, Feuerzeug oder Feuerstein und Stahl

ANMERKUNGEN

Immer mit einem kleinen Feuer beginnen und nach Bedarf allmählich erweitern. Nicht versuchen, mit einem großen Feuer zu starten.

Das Brennmaterial locker aufstapeln, mit Lücken für die Luftzirkulation, denn das Feuer braucht unbedingt Sauerstoff.

Holz

Holz ist etwas Wunderbares, seine Ringe markieren die Lebensjahre und halten den Lauf der Zeit fest.

HOLZHACKEN KANN SEHR BEFRIEDIGEND SEIN, eine Reise in die Vergangenheit. Sie führt uns zurück zu den Ursprüngen – schon lange bevor das Feuer brennt. Man fühlt die den ganzen Körper beanspruchende Anstrengung beim Spalten der Holzscheite mit der Axt, untermalt vom Geräusch des in zwei Teile zerfallenden Holzstücks.

Jeder Axtschwung enthüllt neue Aspekte des Baums, legt weitere Informationen über sein Leben frei. Holz ist etwas Wunderbares, seine Ringe markieren Lebensjahre und halten den Lauf der Zeit fest. Die Ringe eines gefällten Baums verraten mehr als nur sein Alter, sie erzählen die Geschichte seines Lebens, die seiner Umgebung und wie schnell er gewachsen ist.

Im Frühjahr wachsen Bäume schneller, und der Jahresring ist in diesem Bereich heller und breiter. Im Sommer verlangsamt sich das Wachstum, der Jahresring wird dichter und dunkler. Beim genauen Hinschauen offenbart sich die gesamte Geschichte eines Baums: Tiefe Narben verweisen auf Feuerschäden, schmale Jahresringe auf Stress durch Trockenheit oder Insektenbefall. Ein gesunder Baum hat breite, gleichmäßig ausgebildete Jahresringe.

MERKMALE VON HOLZ

Holz ist ein großartiges Material. Es besteht im Wesentlichen aus Zellulose und Hemizellulose (lange Moleküle aus Polysacchariden), die von Lignin zusammengehalten werden, das dem Holz seine Festigkeit gibt.

Hölzer kann man grob in Laubhölzer (wie Eiche) und Nadelhölzer (wie Kiefer) unterteilen. Die Kategorisierung erfolgt nach dem Aufbau ihrer Samen. Sie sagt nichts über die Härte bzw. Dichte einer Holzart aus. Einige Nadelhölzer (wie Eibe) sind viel härter als manche Laubhölzer (etwa Balsa). Die beiden Holztypen enthalten unterschiedliche Anteile an Zellulose, Hemizellulose, Lignin, Öl, Harz, Terpenen und Fettsäuren. Jede dieser Komponenten erzeugt beim Verbrennen unterschiedliche Aromen.

NADELBÄUME wie Kiefer, Fichte und Tanne gehören zu den Gymnomae (Nacktsamern), die Samen ohne Hülle bilden. Die meisten Nadelbäume sind immergrün. Durch die niedrigere Dichte und die leicht entzündlichen Harze brennen sie leicht und schnell. Beim Verbrennen der Harze entweicht ein beißender Rauch, dessen bitteres Aroma das natürliche Aroma der Speisen zerstört. Nadelholz ist ideal zum Anzünden eines Feuers, zum Kochen ist es meist nicht zu empfehlen. Einige Nadelhölzer (wie Zeder oder Wacholder) werden zunächst eingeweicht, um sie dann zum Räuchern zu verwenden, wobei sie ihre flüchtigen Öle freisetzen. Ein anderes Beispiel ist die Verwendung von Kiefernnadeln zum Garen von Muscheln (siehe Seite 139), wo das Muschelfleisch von der Schale geschützt einem raschen Hitzestoß ausgesetzt wird.

LAUBBÄUME wie Eiche, Kirsche oder Eukalyptus sind Angiospermae (Bedecktsamer), deren Samen von einer Hülle umschlossen werden. Die meisten Laubbäume werfen ihre Blätter im Verlauf des Jahres ab. Es gibt allerdings immergrüne Ausnahmen wie Eukalyptus, Steineiche und Magnolien. Laubbäume wachsen meist weniger schnell und bilden so ein dichteres Holz aus, das langsam und mit starker Hitze verbrennt. Die Verbrennungstemperatur liegt höher und hält länger an.

In Australien gibt es einheimische Hölzer wie Ironbark, Red Gum, Jaraah und Gidgee, die ausgesprochen hart sind. Das einzigartige Klima hier fördert ein langsames Wachstum, das dichtes Holz ergibt, das dank seines hohen Öl- und Gummigehalts mit großer Hitze verbrennt. Das erklärt auch die verheerenden Auswirkungen, die Waldbrände in Australien haben können. Feuer ist ein wichtiger Teil im Lebenszyklus mancher Pflanzen, speziell Eukalyptus, der es zur Regeneration braucht. Als ich hier mit Holz zu experimentieren begann, war ich überrascht, wie hart manche Hölzer sind und welche Hitze sie entwickeln. Ironbark verbrennt bei 1600 °C, das sind 750 °C mehr als bei der Stieleiche, die wir im *Etxebarri* verwendeten. Als Konsequenz mussten wir den Holzofen im Restaurant entsprechend anpassen, damit er dieser Hitze standhält.

Das hervorragende Brennverhalten von Ironbark macht es zu einem guten Holz für viele Gelegenheiten. Es liefert eine intensive, langsam brennende Basis, die man mit leichteren, intensiver parfümierten Hölzern ergänzen kann. Außerhalb Australiens wird man auf andere Laubhölzer zurückgreifen, je nach Produkt und Verwendung.

Obstbaumholz verströmt meist eine angenehm süße Rauchigkeit, die gut zu vielen Zutaten passt. Leichtere Hölzer wie Olive oder Mandel setzen subtile Noten frei, die ideal mit feinem Fisch oder Gemüse harmonieren. Zitrone passt hervorragend zu fettreichen Fischen und süß-salzigen Schalentieren. Mallee-Wurzeln geben den Gerichten einen erdigen Charakter, während sich das intensive Aroma von knorrigem Rebholz gut mit rotem Fleisch ergänzt.

Aber das ist keine exakte Wissenschaft, der Reiz liegt auch im Ausprobieren. Finden Sie heraus, welches Holz am besten zu ihrem Produkt passt – das Aroma ist dabei genauso wichtig wie die Hitze beim Verbrennen. Und keine Panik, wenn für ein Rezept einmal nicht das angegebene Holz verfügbar ist.

ABGELAGERTES HOLZ

Den Unterschied zwischen jungem und altem Holz erkennt jeder. Frisches, »grünes« Holz ist noch weich und voller Vitalität. Trockenes, abgelagertes Holz ist deutlich leichter, blasser in der Farbe und nicht mehr so elastisch wie frisches Holz. Gelagertes Holz bricht mit dem typischen Geräusch, das trockene Äste erzeugen, wenn man darauftritt. Trockenes Holz, selbst sehr hartes Ironbark-Holz, lässt sich relativ einfach spalten. Tut es das nicht, ist es noch nicht lange genug gelagert.

Trockenes Holz wurde über längere Zeit gelagert und hat dabei auf natürliche Weise Feuchtigkeit verloren. Dieser Reifeprozess an der frischen Luft hat den Vorteil, dass dabei auch unerwünschte chemische Verbindungen und bittere Gerbstoffe abgebaut werden und das Holz milder wird.

Die Lagerdauer variiert von Holzart zu Holzart und liegt im Allgemeinen bei mindestens zwei Jahren (drei Jahre bei Ironbark und Eiche). Leichtere Laubhölzer wie Weinreben und Apfel brauchen unter Umständen etwas weniger Zeit. Klima und Umwelt können eine Rolle spielen. Feuchte Klimabedingungen verlängern den Vorgang. In frisch geschnittenem Laubholz liegt der Wasseranteil bei bis zu 50 % des Gesamtgewichts. Solches Holz ist nur schwer zu entzünden, es entwickelt anstelle von Hitze Dampf und Rauch und damit unerwünschte Aromen.

Auch abgelagertes Holz enthält noch 5 % Wasser. Die übrigen 95 % setzen sich aus etwa 40 % Zellulose, 40 % Hemizellulose, 19 % Lignin und 1 % Mineralstoffen zusammen. Die genaue Zusammensetzung variiert aber je nach Baumart, Alter, Boden und Klima. Und obwohl nur in Spuren enthalten, beeinflussen die Mineralien entscheidend das Aroma des Rauchs.

Richtige Lagerung bewirkt einen Anstieg des Laktongehalts, der das Holzaroma verändert. Die amerikanische Weißeiche wächst schnell und produziert etwa viermal so viele Laktone wie eine langsam wachsende europäische Traubeneiche. Offenbar besteht ein direkter Zusammenhang zwischen der Wachstumsrate und dem Aroma eines Holzes. Auch Art und Dauer der Trocknung und Lagerung spielen eine Rolle, ebenso wie Klima und Boden, in denen das Holz wuchs. Einen großen Einfluss auf den Geschmack hat auch der Rindenanteil.

Es ist wichtig zu wissen, wie das Holz getrocknet wurde. Im Handel findet man Holz, das zur Beschleunigung des Trockenprozesses und Verbesserung des Zündverhaltens mit Terpentinlösungen behandelt oder in speziellen Öfen getrocknet wurde. Es macht einen großen Unterschied, ob Holz künstlich getrocknet wurde oder natürlich reifen konnte. Gute Dinge brauchen meist etwas Zeit. Wir besinnen uns hier auf die natürlichste Form des Kochens, warum sollten wir da etwas übereilen? Wählen Sie Ihr Holz ebenso sorgfältig aus wie die übrigen Zutaten. Die Belohnung finden Sie dann auf dem Teller.

KOCHEN ÜBER EINEM HOLZFEUER

Holz enthält viele Phenolverbindungen, die beim Erhitzen aufgebrochen und freigesetzt werden. Zuckermoleküle im Holz karamellisieren in der starken Hitze und verströmen ein süß-fruchtiges Parfüm, während andere Komponenten für das typische verlockende Raucharoma beim Grillen sorgen. Entwicklung und Bandbreite dieser Aromen hängen wesentlich vom jeweiligen Holz ab.

Das Kochen über Holzfeuer bewirkt eine ultimative Geschmacksverstärkung, wobei jedes Holz seine spezifische Qualität einbringt. Das Holz ist in gleichem Maße Brennstoff wie Gewürz und sollte als gleichrangig neben den anderen Zutaten betrachtet werden.

Man sollte allen Einflussfaktoren beim Kochen die gleiche Beachtung schenken, schließlich tragen alle zum Geschmackserlebnis bei.

Behandelte Holzchips sind eine bequeme Möglichkeit, um Speisen intensive Holz- und Raucharomen zu geben, doch das so erzielte Geschmacksprofil ist meist eindimensional – ihm fehlt die durch ein echtes Feuer bewirkte Komplexität.

KOCHEN MIT HOLZKOHLE

Kochen mit Holzkohle unterscheidet sich vom Kochen mit Holzfeuer, obwohl das Ausgangsmaterial dasselbe ist. Holzkohle entsteht durch die langsame Verbrennung von Holz ohne Sauerstoffzufuhr. Die so erzeugte Kohle hat kein charakteristisches Geschmacksprofil. Es gibt verschiedene Holzkohlearten, je nach Holz und Herstellungsweise.

Stückige Holzkohle, aus dicken Ästen von Laubbäumen gemacht, verbrennt wie Holz zunächst sehr heiß und kühlt im weiteren Verlauf ab. Aber wie jede Holzkohle ist auch sie raffiniert und dem elementaren Kohlenstoff ähnlicher als Holz, das viele andere komplexe Komponenten enthält.

Die Verwendung von Holzkohlebriketts kann ich nicht empfehlen, denn darin ist die Kohle mit anderen Stoffen wie Stärke und Sägemehl verpresst. Briketts brennen zwar sehr gleichmäßig, zerfallen aber rasch zu Asche und erzeugen keine intensiv heiße Glut. Außerdem enthalten sie Natriumnitrat oder Petroleum, wodurch die Speisen einen chemischen Beigeschmack annehmen.

Eine Alternative ist Holzkohle aus Kokosnussschalen, wie man sie gerne für die malaysische Küche verwendet. Sie ist leicht entzündbar und brennt heiß, aber nicht sehr lange.

JAPANISCHE HOLZKOHLE Die Japaner produzieren *binchotan,* eine extrem reine Holzkohle, die ihre einzigartige Qualität dem verwendeten Laubholz (vorwiegend Steinlindeneiche) und dem Herstellungsverfahren verdankt. In großen Meilern werden Holzscheite senkrecht aufgestapelt und bei relativ niedriger Temperatur zwei Wochen lang verkohlt. Dann wird das Holz auf über 1000 °C aufgeheizt, bis nur noch klarer Rauch entweicht und signalisiert, dass alle Verunreinigungen verbrannt sind. Anschließend wird die Kohle rasch abgekühlt. Die Rinde wird bei diesem Prozess komplett verbrannt und der entstandene Holzessig eliminiert. Das Ergebnis ist fast 100 % reiner Kohlenstoff, der gleichmäßig und lange brennt, ohne zu rauchen. *Binchotan* sollte nicht mit *ogatan* verwechselt werden, den aus gepresstem Sägemehl gefertigten Holzkohlebriketts.

HOLZ UND UMWELT

Holz stammt von lebenden, gewachsenen Bäumen und ist ein erneuerbarer Rohstoff. Die Verbrennung von Holz gehört zum natürlichen Kohlenstoffzyklus. Das bei der Nutzung von Holz als Brennmaterial freigesetzte CO_2 hat die wachsende Pflanze über die Jahre aus der Atmosphäre absorbiert. Durch entsprechende Aufforstung kann eine Klimakompensation erreicht werden.

Die Auswirkungen der Holzverbrennung auf die Umwelt hängen stark von den Umständen ab. Eine verantwortungsvolle Bewirtschaftung unserer Wälder, der wichtigsten Holzquelle, sichert die aktuelle und zukünftige Versorgung mit Holz. Solange für eingeschlagenes Holz neu aufgeforstet wird, ist der Prozess nachhaltig. In weiten Teilen Australiens und der übrigen Welt werden große Flächen vorrangig für die kontinuierliche Holzproduktion forstwirtschaftlich genutzt.

Im Restaurant bemühen wir uns, auch Holz zu verwerten, das sonst ungenutzt bliebe. Die Produzenten, von denen wir Olivenöl, Nüsse und Wein beziehen, sammeln für uns das beim Beschneiden anfallende Holz. Die Asche aus unseren Öfen und Grills dient im Gegenzug als Dünger für Gemüsebeete oder findet in der Glasur der für das Restaurant produzierten Keramik Verwendung.

HOLZ BESCHAFFEN

Das Sammeln von Holz im nahen Wald mag verlockend erscheinen, ist aber für die meisten keine gangbare Option.

Holz wird auch von Tankstellen oder Baumärkten angeboten, doch meistens ist es künstlich getrocknet und bietet nicht die Qualität sorgfältig abgelagerten Holzes.

Will man sich intensiver mit dem Kochen auf offenem Feuer beschäftigen, lohnt es sich, hochwertiges Brennholz von guten Lieferanten zu kaufen. Wir arbeiten mit Michael und Christa McDonald von Blackheath Firewood in den Blue Mountains, New South Wales, zusammen. Sie beziehen ihr Holz aus ganz Australien und spalten es wie gewünscht. Einen Anbieter in Ihrer Nähe finden Sie über das Internet.

Wer eigene Obstbäume hat, kann die abgeschnittenen Äste für die Verwendung im nächsten Jahr stapeln. Oder man fragt bei einem Obstanbauern nach, ob man Zweige sammeln darf.

Holzarten

In der Tabelle auf den folgenden Seiten sind einige Holzarten mit ihren Eigenschaften und Verwendungsmöglichkeiten aufgeführt. Die Liste ist keinesfalls erschöpfend, doch sie zeigt die Bandbreite von Hölzern, die Sie für Ihr Feuer verwenden können. Ein Holz wird durch sein Aromaprofil, den Grad der Hitzeabstrahlung und Rauchentwicklung charakterisiert.

Allgemein gilt: Je höher die Dichte (kg/m^3) eines trockenen Holzes (siehe Tabelle), umso länger und heißer wird es brennen. Wenn Sie bei starker Hitze oder über einen längeren Zeitraum kochen wollen, etwa um ein ganzes Lamm zu garen, sollten Sie ein dichteres Holz wählen. Für niedrige Temperaturen oder eine kurze Garzeit reicht ein weniger dichtes Holz. Beispiele dafür finden sich in den vielen Rezepten mit Meeresfrüchten in diesem Buch.

Wie bei allen Zutaten ist die Wahl des Holzes vor allem eine Frage des persönlichen Geschmacks. Trotzdem lohnt es sich, über die Kombination von Hölzern mit entsprechenden Zutaten nachzudenken. Überlegen Sie, wie intensiv das Gericht schmecken soll, und wählen Sie ein Holz mit passendem Aromaprofil. Das freigesetzte Aroma kann sich deutlich von dem der Ursprungspflanze unterscheiden. So riecht etwa Nektarinenholz nicht nach der Frucht, sondern liefert eine leichte, süßliche Note, ganz anders als zum Beispiel Eichenholz.

BETULACEAE

GATTUNG	NAME	BESCHREIBUNG	DICHTE	VERWENDUNG
Alnus	**Erle**	Sorgt für feinen Rauch mit leichter Süße. Das Holz liefert relativ wenig Hitze und brennt nur kurz, deshalb nur für kurze Garzeiten bei mittlerer Temperatur geeignet.	450	Gut für viele Fischzubereitungen, die nur kurz bei sanfter Hitze gegart werden.
Betula	**Birke**	Liefert durch den hohen Zuckeranteil Honig- und Karamellnoten. Gute, gleichmäßige Hitze bei kurzer Brenndauer, wie Erle.	670	Obst, Schwein und fettreiche Fische
Corylus	**Haselnuss**	Brennt mit schwacher Flamme, aber viel Rauch.	625	Schwein, Ziege und Geflügel

OLEACEAE

Olea	**Olive**	Leichteres Holz, brennt mit hoher, unregelmäßiger Flamme.	990	Milchlamm, Obst und Gemüse wie Paprika, Tomaten und Auberginen

ROSACEAE

Malus	**Apfel**	Eines der besten Brennhölzer. Eignet sich gut zum Kochen und Räuchern, weil es ohne große Flamme sehr heiß abbrennt. Leicht rauchiges Aroma mit Spuren fruchtiger Süße.	830	Geflügel und Meeresfrüchte, passt aber eigentlich zu allem
Crataegus	**Weißdorn**	Selten, aber gut; brennt mit sanfter Flamme und nussigem Aroma.	785	Schwein, Geflügel, Gemüse und weißer Fisch
Prunus	**Mandel**	Sehr hart, liefert eine lang anhaltende Hitze und süß-rauchiges Aroma.	750	Helles Fleisch, Fisch und Gemüse
	Aprikose	Wunderbares Brennholz mit süßem und mildem Aromaprofil.	745	Geflügel, Schwein und Meeresfrüchte
	Kirsche	Wohlriechend, brennt mit niedriger Flamme.	600	Schwein, Ente, Foie gras, Obst und Schokolade
	Nektarine	Intensiv und süß im Aroma.	735	Geflügel, Schwein, Meeresfrüchte und Obst
	Pfirsich	Brennt langsam und lang anhaltend mit großer Flamme und süßem Duft.	720	Geflügel, Schwein, Meeresfrüchte und Obst
	Pflaume	Gutes Feuerholz.	900	Schokolade, Obst, Schwein und Milchprodukte
Pyrus	**Birne**	Exzellentes Brennholz, ähnlich wie Apfel, mit dezenter Süße.	700	Schwein, Geflügel, Meeresfrüchte, Gemüse und Obst

RUTACEAE

Citrus	**Grapefruit**	Mildes Holz, das ein dezentes Raucharoma liefert.	590	Meeresfrüchte wie Venus- und Herzmuscheln
	Zitrone	Schwache Hitze, süßlich mit leichtem Zitrusrauch.	810	Fettreiche Fische wie Sardinen, Sardellen, Thunfisch oder Kingfish
	Limette	Liefert wenig Hitze, dafür ein attraktives Raucharoma.	560	Salzige Meeresfrüchte
	Orange	Festes Holz, das kontinuierlich mit süßem Duft brennt.	855	Muscheln, Garnelen und Fettfische (siehe Zitrone)

Acacia	**Gidgee**	Akazienart, die sich besser für Holzkohle als zum Räuchern eignet, denn sie produziert flüchtige Gase, die an gekochten Kohl erinnern.	1150	k. A.

GATTUNG	NAME	BESCHREIBUNG	DICHTE	VERWENDUNG
FABACEAE				
	Mulga	Intensives Aroma, durch höheren Feuchtigkeitsgehalt starke Rauchbildung.	1200	Milchprodukte, Wurst und Schinken
	Wattle	Gehört zur selben Familie wie Mesquite, ist aber weniger dicht.	730	Schwein, Rind, Geflügel und fettreiche Fische
Glycyrrhiza	**Süßholz**	Die harten, holzigen Süßholzwurzeln liefern eine prägnante Anisnote.	k. A.	Süße Zutaten, Fisch, Schwein und Wild
Prosopis	**Mesquite**	Verbrennt schnell mit starker Hitze und intensivem Rauch. Typisches erdiges Aroma mit Vanillenoten.	820	Schwein, Rind, Geflügel und fettreiche Fische
CUPRESSACEAE				
FAGACEAE				
Juniperus	**Wacholder**	Wacholderzweige liefern eine pflanzliche Süßnote.	550	Zum Räuchern von Fisch und Meeresfrüchten
Castanea	**Kastanie**	Festes, trockenes Holz, das intensiv mit kleiner Flamme brennt.	560	Pilze und Milchprodukte
Fagus	**Buche**	Wenig flüchtige Gase, aber starke Funkenbildung, deshalb weniger für die Nutzung in Innenräumen eignet. Gut zum Räuchern.	720	Meeresfrüchte, Räuchern von Wurst, Schinken und Käse
Quercus	**Eiche**	Eine der besten Brennholzarten und beim Kochen universell einsetzbar. Das feste Holz verbrennt langsam mit kleiner Flamme und liefert viel Hitze. Nicht ausreichend getrocknetes Holz (2–3 Jahre) kann intensiven, bitteren Rauch produzieren.	740–800	Schwein, Rind, fettreiche Fische, Gemüse, Obst und Käse
	Amerikanische Weißeiche	*Quercus alba* liefert fein gemasertes, dichtes und festes Holz von hellgrauer Farbe.	770	Schwein, Rind, fettreiche Fische, Gemüse, Obst und Käse
	Stieleiche	*Quercus robur* wächst langsam; das extrem dichte Holz hat einen hohen Gerbstoffgehalt.	740	Schwein, Rind, fettreiche Fische, Gemüse, Obst und Käse
	Traubeneiche	*Quercus petraea* liefert Holz mit sehr feiner Maserung, das eine Vielfalt aromatischer Komponenten freisetzt.	780	Schwein, Rind, fettreiche Fische, Gemüse, Obst und Käse
	Steineiche	*Quercus ilex* ist immergrün. In Spanien werden ihre Samen für die Eichelmast der Schweine eingesetzt. Die Steineiche gehört zu den drei wichtigsten Baumarten, in deren Wurzelbereich sich die Schwarze Trüffel entwickeln kann.	800	Schwein, Rind, fettreiche Fische, Gemüse, Obst und Käse
	Steinlindeneiche	*Quercus phillyraeoides* ist der Symbolbaum der japanischen Präfektur Wakayama. Das sehr harte Holz ist die Basis für Binchotan-Holzkohle.	800	*Binchotan*
	Whiskyfässer aus Eichenholz	Das Holz verströmt ein rauchiges Röstaroma. Aus dem Zusammenspiel von Eiche und Whisky entstehen intensive Noten von Vanille und Gewürzen.	760	Schwein, Rind, fettreiche Fische, Gemüse, Obst und Käse

GATTUNG	NAME	EIGENSCHAFTEN	DICHTE	VERWENDUNG
FAGACEAE				
	Weinfässer aus Eichenholz	Amerikanische Eiche hat einen höheren Laktongehalt als europäische Eiche, was sich in einem intensiveren Aroma niederschlägt. Rotweinfässer enthalten mehr Phenole als Weißweinfässer. Das Aroma der Eichenlaktone intensiviert sich beim Verbrennen und bewirkt ein stark holziges, teilweise an geröstete Kokosnuss erinnerndes Duftprofil.	770	Schwein, Rind, fettreiche Fische, Gemüse, Obst und Käse
JUGLANDACEAE				
Carya	**Hickory**	Laubholz mit hohem Energiegehalt; verbrennt langsam mit starker Hitze und verströmt ein intensiv süßliches Aroma, das an Räucherspeck erinnert.	770	Schwein und zum Räuchern von Wurst und Schinken
	Pekannuss	Durch sein exzellentes süß-mildes Aroma (ähnlich wie Hickory) bestens zum Räuchern geeignet.	720	Schwein und Milchprodukte
PINACEAE				
Cedrus	**Zeder**	Intensiver Tabakduft. Liefert eine gleichmäßige Hitze bei moderater Flamme. Zum Räuchern und Kochen.	360	Räuchern. Manche Käsesorten werden in Zedernholzschachteln verpackt.
Picea	**Fichte**	Brennt schnell und sprüht heftig Funken.	400	Anzündholz
Pinus	**Pinie**	Leicht entzündbares Nadelholz mit hohem Harzgehalt, sprüht heftig Funken und bildet einen öligen Ruß.	500	Anzündholz
SAPINDACEAE				
Acer	**Ahorn**	Raucht zwar, liefert aber ein weiches, süßliches Aroma. Gutes Brennholz, verbrennt schnell mit intensiver Hitze.	755	Schwein, Zucht- und Wildgeflügel
LAURACEAE				
Cinnamomum	**Zimtkassie**	Der Kassiazimt, die abgelöste Rinde, ist mild süß mit einer würzigen Note.	k. A.	Fisch, Obst, Schwein und Wild
EBENACEAE				
Diopyros	**Kaki**	Selten zu finden, verbrennt mit niedriger Flamme und intensivem Aroma.	777	Fettreicher Fisch, Rind, Schwein und Geflügel
MORACEAE				
Morus	**Maulbeere**	Niedrige Flamme, süßlicher Rauch.	690	Schokolade, Wild
LAMIACEAE				
Rosmarinus	**Rosemarin**	Holziger, immergrüner Strauch mit leicht harzigem Aroma.	k. A.	Milchprodukte, Lamm, Ziege und Geflügel
ANACARDIACEAE				
Schinopsis	**Quebracho**	Eines der schwersten und härtesten Hölzer, dessen Name sich vom spanischen *quebrar hacha* – »Axtbrecher« – ableitet	1235	Rind, Schwein und Lamm

GATTUNG	NAME	EIGENSCHAFTEN	DICHTE	VERWENDUNG
ULMACEAE				
Ulmus	**Ulme**	Raucht durch den hohen Feuchtigkeitsgehalt etwas, liefert aber eine gute Hitze. Muss gründlich trocknen (bis zu 3 Jahre), um raucharm zu verbrennen.	550	Geflügel, Wild und Käse
VITACEAE				
Vitis	**Weinrebe**	Liefert ein intensives, leicht scharfes Raucharoma. Verbrennt rasch mit nur geringer Glutbildung.	545	Rotes Fleisch und Wild
POACEAE				
Zea	**Maiskolben**	Maiskolben sind eine Holzalternative. Sie enthalten reichlich Xylane und liefern einen leichten, süßlichen Rauch.	k. A.	Geflügel, Obst und Mais
MYRTACEAE				
Eucalyptus	**Eukalyptus**	Die Eukalyptus-Familie mit über 800 Arten ist bestens an das spezielle Klima Australiens angepasst.	850–1200	Einige Varietäten riechen durch ihren Gummigehalt leicht harzig-medizinisch. Für das Kochen sind sie weniger geeignet, liefern aber eine lang anhaltende Hitze. Eukalyptusarten wie Ironbark, Jarrah, Mallee und Red Gum sind für Grillfeuer geeignet.
	Ironbark	Aufgrund seiner hohen Dichte vielleicht das beste australische Holz. Brennt lange und mit hoher Temperatur. Im Unterschied zu vielen anderen Eukalyptusarten stößt diese ihre Rinde nicht alljährlich ab. So entsteht eine harte Hülle aus toter Rinde, die das darunterliegende lebende Gewebe des Baums vor Feuer schützt.	1120	Für eine Vielzahl von Anwendungen geeignet, ideale Basis in Kombination mit leichteren, aromatischeren Hölzern.
	Jarrah	In Western Australia beheimatet. Liefert ein dichtes Holz und intensives Aroma.	835	Schwein, Rind und abgehangenes Lamm
	Mallee	Zäh und langsam wachsend, mit dicken, verholzten Wurzeln. Den Lignotuber genannten Wurzelstöcken entspringen mehrere Stämme. Intensive, lang anhaltende Hitze und ein starkes erdiges Aroma.	1100	Wurzel- und Knollengemüse, Pilze, aber auch Innereien, abgehangenes Rind und Lamm
	Red gum	Der Rote Eukalyptus gedeiht an Flussufern und hat einen höheren Feuchtigkeitsgehalt. Getrocknet liefert er gutes Brennholz.	900	Schwein, Rind und zum Räuchern von Wurst und Schinken
PROTEACEAE				
Banksia	**Banksie**	Die getrockneten Samenstände verbrennen mit kleiner Flamme und leicht rauchigem Aroma.	k. A.	Fisch, Schwein und Geflügel
Macadamia	**Macadamia**	Liefert wenig Hitze, dafür eine verführerische Rauchnote.	705	Meeresfrüchte
	Heu	Brennt rasch. Enthält den aromatischen Pflanzenstoff Cumarin.	k. A.	Makrele, Bries und Schnecken

Bevor es losgeht

Wer von der Natur und den sich stetig verändernden Eigenschaften der Zutaten abhängig ist, muss lernen, mit beiden zu arbeiten.

BEIM KOCHEN MIT OFFENEM FEUER ist man von der Natur und den sich stetig verändernden Eigenschaften der Zutaten abhängig, deshalb müssen Sie lernen, mit beiden zu arbeiten. Dieses Buch soll Ihnen helfen, ein Gefühl dafür zu entwickeln. Lesen Sie zunächst die allgemeinen Informationen, bevor es ans Kochen geht – bei Bedarf können Sie einfach nachschlagen.

Alle Rezepte sind so konzipiert, dass sie die Qualität der Zutaten ins beste Licht rücken, aber auch die besonderen Vorzüge des Kochens mit Holzfeuer. Die meisten Gerichte sind unkompliziert, einige etwas anspruchsvoller. Lesen Sie das Rezept immer ganz durch, bevor Sie beginnen. Ich habe die Gerichte verschiedenen Kategorien zugeordnet und jeweils eine Hauptzutat in den Fokus gestellt. Meine Rezepte spiegeln vielfältige Einflüsse wider, meine Zeit in Spanien und anderen Ländern ebenso wie meine neue Heimat Australien.

Jedes Produkt ist einzigartig. Kaufen Sie die besten Zutaten, die Sie bekommen können, und zögern Sie nicht, Rezepte und Techniken an Ihre Gegebenheiten anzupassen.

Besuchen Sie Märkte, und lassen Sie sich inspirieren. Wenn Sie beim Fischhändler einen tollen Wittling entdecken, spricht nichts dagegen, ihn wie den Murray Cod (siehe Seite 161) zu garen. Sollte kein Topinambur verfügbar sein, servieren Sie einfach grüne Bohnen (siehe Seite 85) dazu. Genauso lässt sich eine Technik aus einem Rezept auf andere Produkte übertragen.

Experimentieren Sie ruhig auch mit dem Holz – die Angaben in den Rezepten sind meine Empfehlungen, aber kein Dogma. Manchmal kombiniere ich auch zwei oder drei Holzarten, um ein bestimmtes Temperatur- oder Geschmacksprofil zu erzielen.

Feuer lässt sich nicht leicht kontrollieren und stellt den Kochbuchautor vor große Herausforderungen. Aber ich habe mich bemüht, Ihnen hier eine solide Basis zu liefern. Ich hoffe, dieses Buch öffnet Ihnen die Augen für die Möglichkeiten des Kochens mit offenem Feuer.

ANMERKUNGEN

In meinem Restaurant stelle ich hohe Anforderungen an die Qualität der Zutaten, das gilt auch für Grundprodukte. Und so sollten Sie es auch halten.

MILCHPRODUKTE Im Restaurant verwenden wir vollfette pasteurisierte Milch und Sahne direkt vom Bauern. Die Butter wird aus der hochwertigen Milch von Jersey-Kühen gemacht. Wenn nicht anders angegeben, ist sie ungesalzen.

EIER Sollten von frei laufenden Hühnern stammen; Gewichtsklasse M (ca. 60 g), wenn nichts anderes angegeben ist.

SALZ Meersalz in Flockenform oder Fleur de Sel, ohne Jodzusatz. Salz ist eine wichtige Zutat, es konzentriert und verstärkt den Geschmack herzhafter wie auch süßer Speisen. Art und Form des Salzes, ebenso der Zeitpunkt des Würzens haben einen großen Einfluss auf das fertige Gericht.

ZUCKER Wenn nicht anders vermerkt, handelt es sich um Rohrohrzucker. Dieser Zucker ist nicht so stark raffiniert und enthält mehr Farbe und Geschmack aus dem Zuckerrohr. Die hellbraunen Kristalle schmecken nach Karamell.

WASSER Zwar hat Wasser keinen ausgeprägten Geschmack, kann aber deutliche Unterschiede aufweisen. Hartes Wasser enthält mehr Mineralien (wie Magnesium und Kalzium), die sich nachhaltig auf Geschmack und Aussehen von Speisen auswirken. Für einen reinen Geschmack sollten Sie, wenn möglich, weiches oder filtriertes Wasser verwenden.

ÖL Diese Grundzutat kann aus unterschiedlichen Quellen gewonnen werden. Wir verwenden gern Traubenkernöl, weil es neutral schmeckt und einen hohen Rauchpunkt hat. Daneben benutzen wir Öl aus Aprikosen- und Kürbiskernen und natürlich Olivenöl.

Ich hoffe, Sie fangen Feuer und dieses Buch ändert Ihre Vorstellung davon, was Grillen sein kann.

Olivenöl wird nach Herstellungsverfahren, Säuregehalt und Geschmack klassifiziert. Der Geschmack hängt von Olivensorte, Anbaugebiet, Reife, Erntemethode, Pressverfahren und Verarbeitung ab. Im Restaurant arbeiten wir eng mit einem lokalen Olivenbauern in Mudgee zusammen, der höchste Qualität liefert. Es gibt viele Olivensorten, das sind meine Lieblingsöle:

Arbequina Die Sorte stammt aus Spanien. Die kleinen Oliven liefern wenig Ertrag, dafür aber einen leichten, fruchtigen Geschmack und ein süß-nussiges Aroma mit buttrigem Schmelz am Gaumen. Sie haben Ähnlichkeit mit der griechischen Sorte Koroneiki und passen hervorragend zu Fisch und Früchten.

Picual Diese robuste spanische Olivensorte bringt Aromen von Stein- und Zitrusfrüchten mit. Das Öl passt gut zu fettreichen Fischen.

Frantoio Eine italienische Sorte mit komplexem Aroma von frischem Heu und getrockneten Kräutern; am Gaumen nussig, mit ausgewogener Bitterkeit und Schärfe.

Corregiolo Eine Olivensorte, die in der Toskana weitflächig angebaut wird. Das Öl ist leuchtend grün und hat ein grasiges Aroma mit ausgewogener Bitterkeit und Schärfe. Diese Eigenschaften machen es zu einem universell einsetzbaren Öl.

SÄURE Richtig dosierte Säure ist ein wichtiger Aspekt beim Würzen in der Küche, sie sorgt für Balance und verändert unsere Wahrnehmung von Geschmack und Textur. Als Säurelieferanten können Essig und Kombucha (fermentierter Tee), frisches Obst wie Zitrusfrüchte, Rhabarber, Stachelbeeren und auch Tomaten dienen. Auch fermentierte Milchprodukte wie Molke, Buttermilch und Joghurt enthalten Säure (Milchsäure). Es ist wichtig, eine Säure zu wählen, die den Geschmack der Speise abrundet und intensiviert.

ESSLÖFFEL In Australien steht ein Esslöffel für 20 ml, in Europa wird er dagegen mit nur 15 ml angesetzt. Man sollte dann etwas großzügiger dosieren.

TASSENMASS Die Tassenmaße variieren von Land zu Land. Hier steht eine Tasse (Cup) für 250 ml, das ist das in Australien gebräuchliche Volumen. In Europa setzt man eine Tasse üblicherweise mit 150 ml an.

TEMPERATUR

Generell wird in den Rezepten ein Temperaturbereich angegeben und meist über die Intensität der Glut definiert. Schauen Sie sich die Darstellung auf Seite 42–43 genau an. Dort wird der Lebenszyklus eines Feuer mit seinen einzelnen Stadien beschrieben. Diese Informationen helfen Ihnen, den im Rezept geforderten Hitzegrad zu erkennen und zu erreichen. Manche Rezepte nennen eine bestimmte Temperatur für einen Holzbackofen, die am besten mit einem Infrarotthermometer gemessen wird. Zur Temperaturmessung in einem Topf eignet sich jedes Küchenthermometer.

AUSSTATTUNG

Für das Kochen über offenem Feuer brauchen Sie neben einer Grundausstattung, wie sie in jeder Küche vorhanden ist, Schürhaken, Kohleschaufel, Grillzangen, Sprühflasche und Handschuhe. Sind für ein Rezept weitere Utensilien nötig wie Grillrost, Ton oder ein Holzofen, wird das jeweils erwähnt. Auf offenem Feuer keine beschichteten Backbleche verwenden.

SICHERHEIT

Feuer ist gefährlich. Denken Sie beim Umgang damit immer an Ihre Sicherheit: Ein Feuer nie unbeaufsichtigt lassen. Verbote und örtliche Vorschriften hinsichtlich Feuermachen im Freien unbedingt beachten. Nicht zu viel Holz auf einmal nachlegen und aufpassen, dass das Feuer nicht außer Kontrolle gerät. Zum Löschen einen Eimer mit Sand oder Wasser bereitstellen.

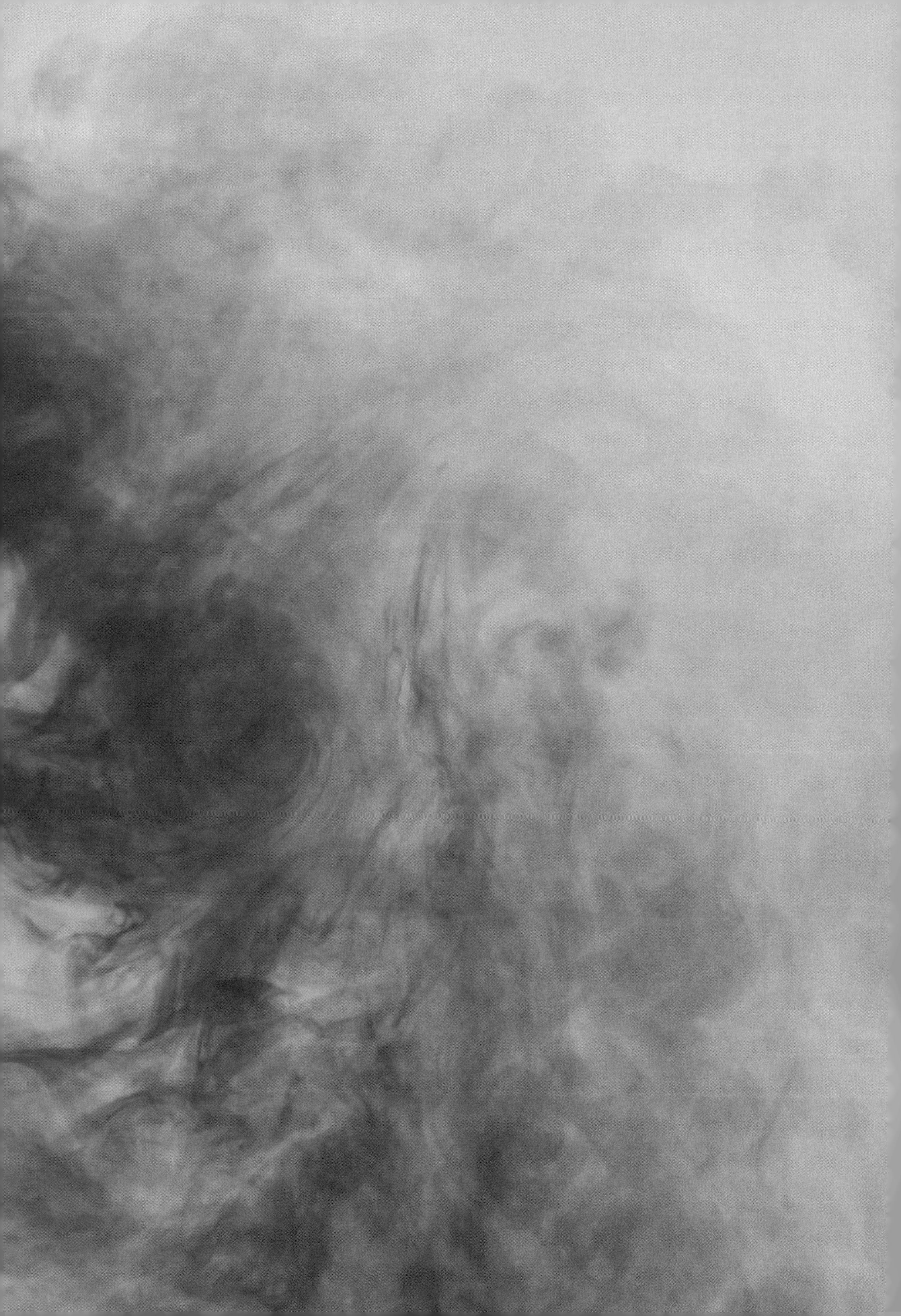

001

Gemüse

Salatherzen

Sardellen, rauchiges Eigelb

FÜR 4 PERSONEN

Hier wandern die wesentlichen Bestandteile eines Caesar Salad auf den Grill, wobei der Romanasalat ein bisschen angesengt wird und eine erstaunliche Süße gewinnt, die mit der Salzigkeit der Sardellen, den knusprigen Kapern und der Eiercreme schön harmoniert.

1. Die Glut vorbereiten und einen Grillrost etwa 5 cm über der Glut anbringen.
2. Die Eiercreme zubereiten: Das geräucherte Öl in einem kleinen Topf auf 68 °C erhitzen. Vorsichtig die Eigelbe nacheinander hineingleiten lassen und etwa 15 Minuten garen, bis sie gerade durch sind. Die Eigelbe vorsichtig mit einem Schaumlöffel herausnehmen und in eine saubere Schüssel geben. Das Sardellenöl langsam und gleichmäßig dazugießen und verquirlen, sodass eine Emulsion entsteht. Die Eiercreme mit Essig und Meersalz abschmecken.
3. Das Sauerteigbrot mit Olivenöl und Knoblauch bestreichen und über mittlerer Glut grillen, bis es leicht geröstet ist. Herunternehmen, abkühlen lassen und im Mixer grob hacken. Salzen.
4. Die Romanasalathälften leicht mit Olivenöl bestreichen und über mittlerer Glut etwa 2 Minuten auf jeder Seite grillen. Vom Rost nehmen und mit Salz und Zitronenschale würzen.
5. Die Zitronenhälften mit der Schnittseite nach unten über mittlerer Glut 3 Minuten grillen, bis sie dunkel und karamellisiert sind.
6. In einer kleinen gusseisernen Pfanne die Chilischote und die Kapern in dem Olivenöl kross braten.
7. Den Romanasalat mit dem Saft der gegrillten Zitrone und dem Chili-Kapernöl anmachen und auf Teller verteilen.
8. Etwas Eiercreme auf jede Portion tupfen. Mit den krossen Kapern, den Brotbröseln und der Petersilie bestreuen. Zum Schluss je zwei Sardellenfilets dazugeben.

KATEGORIE *herzhaft*

HOLZ
Apfel

TEMPERATUR
mittlere Glut

AUSRÜSTUNG
Grillrost, Küchenthermometer, gusseiserne Pfanne

ZUTATEN

1 Scheibe helles Sauerteigbrot

80 ml natives Olivenöl extra, zzgl. etwas zum Bestreichen

1 Knoblauchzehe, zerdrückt

Meersalz

2 Romanasalatherzen, halbiert

Schale von ½ unbehandelten Zitrone

1 Zitrone, halbiert

½ rote Chilischote, in feinste Streifen geschnitten

20 g Kapern in Öl, abgetropft

8 Sardellenfilets in Öl

¼ Bund glatte Petersilie, fein gehackt

Für die Eier-Creme

300 ml geräuchertes Öl (siehe Seite 241)

3 Eigelb

75 ml Sardellenöl (aus der Sardellen-Dose)

1 EL Cava- oder Weißweinessig

Meersalz

ANMERKUNG

Achten Sie auf erstklassige Sardellen – im Handel sind viele minderwertige Produkte. Im Restaurant nehmen wir traditionell hergestellte Sardellen aus Kantabrien, die mindestens 8 Monate in Salz konserviert wurden.

Erbsen

Minze, Jamón

FÜR 4 PERSONEN

Im Baskenland, das für die Qualität seines Fleischs und seiner Meeresfrüchte berühmt ist, gibt es auch die besten Erbsen der Welt. Das Mikroklima an der Küste verleiht ihnen eine intensive Süße, gepaart mit köstlicher Salzigkeit. Die Saison für frische Erbsen beschränkt sich auf eine kurze Zeit im Mai. Unreife junge Erbsen haben die Form von Tränen (in Spanien heißen sie deswegen auch *lagrimas*), und in dieser Phase sind sie am süßesten (siehe Anmerkung). Sie sind so zart, dass sie im Mund zerplatzen, weshalb man sie auch Gemüse-Kaviar nennt.

Ich grille die Erbsen hier in ihren Schoten, so bleiben sie geschützt und nehmen trotzdem die Aromen des Feuers an. Die kleine Menge Saft, die sich dabei in den Schoten sammelt, schmeckt süß und intensiv. Die Kombination von Erbsen und Schinken ist ein Klassiker, aber in Verbindung mit Jamón Ibérico nimmt das Gemüse ein unvergleichlich intensives Aroma und einen reichhaltigen Geschmack an. Dieser luftgetrocknete Schinken reift bis zu 36 Monaten und entwickelt eine einzigartige Süße, die er nicht zuletzt den Eicheln verdankt, von denen die Schweine sich ernähren.

1. Die Glut vorbereiten und ein Grillgitter etwa 10 cm über der Glut anbringen.
2. Die ganzen Erbsen in ihren Schoten 1–2 Minuten über mittlerer Glut grillen und dabei einmal wenden. Vom Grill nehmen und die Erbsen enthülsen, die Schoten aufheben.
3. Die Schoten entsaften, den Saft durch ein feines Sieb gießen. Beiseitestellen.
4. Die Erbsen in einem vorgewärmten Topf mit dem Erbsensaft und der zerrissenen Minze vermischen. Leicht salzen.
5. Den Jámon auf dem Grillrost erhitzen, bis er glasig wird.
6. Erbsen und Jámon in vorgewärmten Servierschalen anrichten, die Erbsensprossen darauf verteilen und alles sofort servieren.

KATEGORIE *herzhaft*

HOLZ
Olive

TEMPERATUR
mittlere Glut

AUSRÜSTUNG
Grillgitter

ZUTATEN

1,2 kg frische Zuckererbsen in der Schote (siehe Anmerkung)

1 Handvoll Minzeblätter, zerrissen

100 g Jámon Ibérico, in dünne Scheiben geschnitten

Erbsensprossen

ANMERKUNG

Für den besten Geschmack kleine Erbsen nehmen, die jung, süß und zart sind.

Grüne Bohnen

geröstete Mandeln

FÜR 4 PERSONEN

Grüne Bohnen sind ideal zum Grillen geeignet, weil sie durch ihre fleischige Konsistenz außen leicht verkohlt und rauchig werden, innen aber ihre Weichheit behalten. Sie werden einfach mit einem Dressing aus Zitrone, Olivenöl und Salz zubereitet und durch eine Creme aus gerösteten Mandeln angereichert, die mit Gurkensaft zu einem sommerlichen Finale aufgehellt wird.

1. Die Glut vorbereiten.
2. Die Mandelcreme zubereiten: Die Mandeln spalten und in einer trockenen gusseisernen Pfanne über dem Feuer rösten, bis sie goldbraun und leicht rauchig sind. Regelmäßig schwenken, damit sie gleichmäßig geröstet werden.
3. Den Knoblauch rösten: Die Knoblauchzehen in Alufolie wickeln, in die heiße Asche am Rand des Feuers legen und etwa 20 Minuten rösten, bis sie weich sind. Vorsichtig aus der Asche nehmen, und sobald sie so weit abgekühlt sind, dass man sie in die Hand nehmen kann, das weiche Innere aus der Schale drücken.
4. 50 g der gerösteten Mandeln mit der Mandelmilch, dem Mandelöl und dem gerösteten Knoblauch fein pürieren. Weitere 50 g Mandeln hinzufügen und zu einer knusprigen Konsistenz verarbeiten. Den Gurkensaft hinzufügen und alles mit Essig abschmecken. Beiseitestellen.
5. Das Grillgitter auf intensive Glut stellen. Die Bohnen 2 Minuten grillen, nach der Hälfte der Zeit wenden. Sie sollten leicht verkohlt, aber noch grün sein.
6. Die Bohnen in eine Schüssel legen, salzen, Zitronenschale und -saft, die Erbsensprossen und das Olivenöl hinzugeben. Gut durchmischen.
7. Die Mandelcreme auf die Servierteller verteilen, die gegrillten Bohnen darauflegen, mit den restlichen gerösteten Mandeln und den Knoblauchblüten bestreuen. Sofort servieren.

KATEGORIE *herzhaft*

HOLZ
Olive

TEMPERATUR
intensive Glut

AUSRÜSTUNG
gusseiserne Pfanne, Grillgitter

ZUTATEN

500 g grüne Bohnen, geputzt

Meersalz

Schale und Saft von ½ unbehandelten Zitrone

100 g Erbsensprossen

100 ml fruchtig-mildes natives Olivenöl extra

einige Knoblauchblüten

Für die Mandelcreme

150 blanchierte Mandeln

2 ungeschälte Knoblauchzehen

60 ml Mandelmilch

40 ml Mandelöl

Saft von ¼ geschälten Salatgurke

2 EL Cava- oder Weißweinessig

Calçots

Romesco

FÜR 4 PERSONEN

Calçots sind Frühlingszwiebeln, die man durch Anhäufeln dazu bringt, lange weiße Stängel auszubilden. Sie werden zum Ende des Winters geerntet. In Spanien feiert man das Ereignis mit einer Calçotada; die Frühlingszwiebeln werden ausgiebig über einem heißen Feuer aus Rebholz gegrillt, bevor sie, in Zeitungspapier gewickelt, nachgaren dürfen.

Erlebt hab ich das zum ersten Mal im *Mugaritz,* als ich zur Betriebsfeier eingeladen war, weil meine Freundin zu der Zeit dort arbeitete. Warme Zeitungspäckchen lagen am Rand der langen Tische, und wir durften das schlichte Gemüse auspacken, das durchs Feuer eine erstaunliche Verwandlung erfahren hatte. Unter der verkohlten Hülle verbarg sich ein süßer, rauchiger Kern, den wir uns mit einer Romesco-Sauce und einem Fass vom lokalen Apfelwein schmecken ließen.

1. Die Glut vorbereiten und einen Rost direkt daraufstellen.
2. Die Romesco zubereiten: Die Haselnüsse in einer trockenen gusseisernen Pfanne über dem Feuer rösten, bis sie goldbraun sind. Herausnehmen und abkühlen lassen.
3. Den Knoblauch rösten: Die Knoblauchzehen in Alufolie wickeln und salzen. In die heiße Asche am Rand des Feuers legen und etwa 20 Minuten garen, bis sie weich sind. Vorsichtig aus der Asche nehmen, und sobald sie so weit abgekühlt sind, dass man sie anfassen kann, das weiche Innere aus der Schale drücken.
4. Den Rost 5 cm über die Glut heben. Die roten Paprikaschoten grillen und zwischendurch drehen, bis sie rundherum schwarz sind. In eine Schale legen und mit einem Deckel oder Tuch bedeckt 10 Minuten abkühlen lassen. Die Paprikaschoten häuten und entkernen.
5. Die Ñora-Paprikaschote in einem Topf mit kochendem Wasser blanchieren, bis sie rehydriert ist. Abtropfen lassen, mit einem Löffel das Fruchtfleisch herauskratzen und beiseitestellen.
6. Das Fleisch der Ñora-Paprika mit gerösteten Paprikaschoten, Tomatenwasser, 80 g der gerösteten Haselnüsse, Knoblauch, Essig, Olivenöl und Pimentón pürieren. Die Romesco-Sauce mit Salz abschmecken.
7. Die Frühlingszwiebeln oder Lauchstangen aufschneiden und gründlich putzen. 20 Minuten in Wasser liegen lassen.
8. Die Frühlingszwiebeln abgießen, direkt auf die heiße Glut legen und wenden, bis sie auf allen Seiten schwarz sind. Herausnehmen und fest in Zeitungspapier wickeln; 20 Minuten nachgaren lassen.
9. Beim Servieren die Gäste darauf hinweisen, dass sie die Calçots auspacken und die verkohlten äußeren Blätter abziehen sollen, um an die zarten inneren heranzukommen, die in die scharfe Romesco-Sauce getunkt und mit den restlichen gerösteten Haselnüssen bestreut werden können.

KATEGORIE *herzhaft*

HOLZ
Rebholz

TEMPERATUR
intensive Glut

AUSRÜSTUNG
Grillrost, gusseiserne Pfanne

ZUTATEN

12 dicke Frühlingszwiebeln oder mittlere Lauchstangen

Für die Romesco

120 g Haselnüsse, enthäutet und halbiert

2 ungeschälte Knoblauchzehen

200 g rote Paprikaschoten

1 getrocknete Ñora-Paprikaschote

100 ml Tomatenwasser (siehe Seite 240)

40 ml Rotweinessig

100 ml natives Olivenöl extra

1 EL Pimentón (geräuchertes Paprikapulver)

Meersalz

ANMERKUNG

Ñora- (Nord-)Paprikaschoten sind eine spanische Sorte – klein und kugelrund, mit glänzender, blutroter Haut. Sie schmecken süß, leicht scharf und aromatisch.

Mais

Kaffirlimettenbutter, grüne Chilischote

FÜR 4 PERSONEN

Gegrillter Mais hat den Geschmack und die Farbe des Sommers: gelb, sonnig und süß. Ich erinnere mich daran, als Kind in den Maisfeldern Verstecken gespielt und die gewaltigen grünen Stiele bestaunt zu haben. Mais steht als Gemüse für Landwirtschaft und menschliche Eingriffe in die Natur, weil es ihn wild nicht gibt.

Wenn man die Schalen nach dem Garen abschält, ist die natürliche Süße der Maiskörner durch das Rösten in den Schoten verstärkt worden, die sie schützen und ihnen einen rauchigen Geschmack verleihen. In diesem Rezept werden die gegrillten Körner in rauchiger Butter gewendet, die mit dem Aroma von Limettenblättern durchzogen ist, während die grüne Chilischote der Süße der Maiskörner einen bitteren Akzent verleiht.

KATEGORIE *herzhaft*

HOLZ
Olive

TEMPERATUR
mittlere bis intensive Glut

AUSRÜSTUNG
Küchenthermometer, gusseiserne Pfanne, Grillrost

ZUTATEN

6 mittelgroße Maiskolben mit den Hüllblättern (siehe Anmerkung)

1 mittelgroße ungeschälte Zwiebel, halbiert

5 Kaffirlimettenblätter

Meersalz

200 ml Traubenkernöl

2 grüne Chilischoten, entkernt und in feine Streifen geschnitten

150 g rauchige Butter (siehe Seite 227)

Schale und Saft von 1 unbehandelten Limette

ANMERKUNG

Die Maiskolben sollten sich für ihre Größe schwer anfühlen und bis zu den blassgoldenen Fäden an der Spitze mit festen Körnern besetzt sein.

1. Die Glut vorbereiten.
2. Die Maiskolben direkt auf die brennende Glut legen und immer wieder wenden, bis sie außen gleichmäßig schwarz sind. Beiseitelegen.
3. Die Zwiebel grillen, bis sie leicht verkohlt und karamellisiert ist. Für die Verwendung in der Brühe beiseitelegen.
4. Von vier Maiskolben die Körner abschneiden; das sollte etwa 400 g ergeben. Die Kolben aufheben und halbieren.
5. Die angekohlte Zwiebel und die halbierten Maiskolben mit 500 ml Wasser in einem kleinen Topf aufsetzen und zum Kochen bringen. Abschäumen und 10 Minuten köcheln lassen. Vom Feuer nehmen, zwei Kaffirlimettenblätter hinzufügen und 10 Minuten ziehen lassen. Die Brühe durch ein feines Sieb in einen Topf abgießen.
6. Die Maiskörner in die heiße Brühe geben und 10 Minuten köcheln lassen, bis sie weich sind. Noch warm im Mixer bei mittelhoher Geschwindigkeit zu einer glatten Creme pürieren. Salzen, durch ein feines Sieb streichen und beiseitestellen.
7. Das Traubenkernöl in einer gusseisernen Pfanne auf 140 °C erhitzen, die Chilischoten hinzufügen und kross braten. Sie sollten noch schön grün sein. Zum Abtropfen auf Küchenpapier legen. Salzen.
8. Die übrigen Kaffirlimettenblätter in feine Streifen schneiden und mit der Butter in einen kleinen Topf geben. Leicht erhitzen, bis die Butter geschmolzen ist, und bei niedriger Temperatur 30 Minuten ziehen lassen. Den Limettensaft dazugießen.
9. Den Rost etwa 10 cm über der Glut anbringen. Die beiden restlichen Maiskolben mit etwas Butter bestreichen und rundherum grillen, bis sie goldbraun und nussig sind. Salzen.
10. Die Maiskolben herunternehmen, die Enden kappen, jeden Kolben halbieren und in der Limettenbutter wenden.
11. Die Maiscreme auf Teller verteilen. Ein Stück Maiskolben darauflegen und mit geriebener Limettenschale und knusprigen Chilistreifen bestreuen. Sofort servieren.

Okra

geröstete Chilischote, Ingwer und Knoblauch

FÜR 4 PERSONEN

Okra, auch als Ladyfinger bekannt, setzt beim Garen Schleimstoffe frei und gibt dem kreolischen Gericht Gumbo seine sämige Konsistenz. Solange diese Konsistenz nicht zur Andickung von Suppen oder Eintöpfen erforderlich ist, verzichtet man lieber darauf, und deshalb gart man sie besser nur kurz. Die intensive Hitze des Grills ist dafür ideal, weil die Okra anschließend leicht verkohlt und leuchtend grün ist. Dank ihres milden Geschmacks nimmt sie das rauchige Aroma der Glut gut an, und die leichte Bitterkeit der Samen wird durch die karamellisierte Chilischote, Knoblauch und Ingwer versüßt.

1. Eine Metallschüssel zum Abkühlen in ein Eiswasserbad stellen.
2. Das aromatisierte Öl zubereiten: Das Traubenkernöl in einem kleinen Topf auf 100 °C erhitzen. Chiliflocken, Ingwer und Knoblauch darin braten, bis sie gerade goldbraun sind.
3. Vom Herd nehmen und sofort in die gekühlte Metallschüssel gießen (siehe Anmerkung). Salzen, in einen sauberen Behälter umfüllen und 6 Stunden oder über Nacht ziehen lassen – dabei rundet sich der Geschmack.
4. Das Traubenkernöl in einem Topf auf 140 °C erhitzen und die frische Chilischote darin kross braten. Herausnehmen, auf Küchenpapier abtropfen lassen und würzen.
5. Die Glut vorbereiten. Das Grillgitter etwa 5 cm über der Glut anbringen.
6. Die Okra etwa 2 Minuten auf jeder Seite grillen, bis sie leicht verkohlt sind, und beim Wenden salzen. In eine Schüssel füllen und in dem aromatisierten Öl wenden.
7. Mit den gebratenen Chilistreifen garnieren und sofort servieren.

KATEGORIE *herzhaft*

HOLZ
Olive

TEMPERATUR
intensive Glut

AUSRÜSTUNG
Küchenthermometer, Grillgitter

ZUTATEN

100 ml Traubenkernöl

1 frische rote Chilischote, entkernt und in feine Streifen geschnitten

Meersalz

300 g Okra

Für das aromatisierte Öl

100 ml Traubenkernöl

1 große Prise getrocknete Chiliflocken

20 g Ingwer, geschält und fein gehackt

20 g Knoblauch, geschält und fein gehackt

Meersalz

ANMERKUNGEN

Da das aromatisierte Öl Zeit zum Durchziehen braucht, sollte man mindestens sechs Stunden vorher anfangen.

Sobald Ingwer und Knoblauch karamellisiert sind, ist es wichtig, das Öl sofort abzukühlen, um den Garprozess zu stoppen, damit es nicht bitter wird, sondern süß und nussig bleibt. Das aromatisierte Öl hält sich an einem kühlen Ort bis zu 3 Monaten.

Rote Bete

schwarzer Sesam

FÜR 4 PERSONEN

Schwarzer Sesam ist von einer gehaltvollen, süßen und erdigen Nussigkeit, die gut zur Roten Bete passt. Dieses Rezept nutzt das ganze Gemüse – auch den Saft, die Blätter und die Stiele –, um nichts zu verschwenden und so Geschmack und Konsistenz des Gerichts zu bereichern.

1. Die Glut vorbereiten.
2. Die Rote Beten vorbereiten: Stiele und Blätter abschneiden und getrennt beiseitelegen. Die Knollen gründlich waschen.
3. Vier Rote Beten mit der Stielseite nach unten 1 Stunde in heißer Asche rösten, bis sich ein Metallspieß leicht hineinstechen lässt. Aus der Asche nehmen und kurz abkühlen lassen. Mehr Holz auf das Feuer legen, um Glut zum Grillen zu erzeugen, und einen Rost etwa 10 cm über der Glut anbringen.
4. Eine Rote-Bete-Reduktion zubereiten: Die restlichen vier Knollen entsaften und den Saft durch ein feines Sieb in einen Topf gießen. Zum Kochen bringen, Wacholderbeeren und Pfefferkörner hinzufügen und den Saft um zwei Drittel einkochen, bis eine sirupartige Konsistenz erreicht ist. Essig hinzufügen, mit Salz abschmecken und wieder durch ein feines Sieb gießen. Beiseitestellen.
5. Von den noch warmen Roten Beten die Asche abbürsten, dann die Haut mit den Fingern abstreifen. Die Knollen in die Reduktion setzen.
6. Die süß eingelegten Stiele zubereiten: Essig und Zucker mit der Wacholderbeere und 50 ml Wasser in einem kleinen Topf zum Kochen bringen und den Zucker unter Rühren auflösen. Die aufbewahrten Stiele in kleine Würfel schneiden, in einen sauberen Behälter legen und mit der heißen Einlegeflüssigkeit übergießen. Mindestens 20 Minuten stehen lassen.
7. Die Sesamkörner in einem Topf sanft erwärmen, bis sie leicht geröstet sind (weil sie schwarz sind, muss man sich auf seine Nase verlassen, um sie nicht zu verbrennen). Sie sollten nussig duften. Herausnehmen und noch warm im Mixer fein pürieren. Dabei das Olivenöl in einem steten Strom hinzugießen. Kichererbsen, Joghurt, Limettenschale und -saft hinzufügen und alles zu einer glatten Creme verarbeiten. Mit Salz abschmecken.
8. Die Roten Beten aus der Reduktion nehmen und halbieren. Auf dem Rost über heißer Glut grillen, bis sie auf allen Seiten Farbe angenommen haben.
9. Die Blätter auf dem Gitter grillen, bis sie gerade knusprig sind. Salzen.
10. Die Sesamcreme auf den Serviertellern verstreichen; darauf Rote Bete, gegrillte Blätter und eingelegte Stiele anrichten. Auf jede Portion etwas von der Rote-Bete-Reduktion träufeln und alles mit Meersalz bestreuen.

KATEGORIE *herzhaft*

HOLZ
Eiche

TEMPERATUR
heiße Asche, mittlere bis intensive Glut

AUSRÜSTUNG
Grillgitter

ZUTATEN

8 mittelgroße Rote Beten mit Blättern

2 Wacholderbeeren, mit einem Löffelrücken zerdrückt

4 schwarze Pfefferkörner

20 ml abgelagerter Rotweinessig

Meersalz

60 g schwarze Sesamkörner

50 ml fruchtiges natives Olivenöl extra

100 g gegarte Kichererbsen

40 g griechischer Joghurt

Schale und Saft von ½ unbehandelten Limette

Zum Einlegen

50 ml Rotweinessig

50 g Zucker

1 Wacholderbeere, zerdrückt

Spargel

Muschelcreme, Roggenbrot

FÜR 4 PERSONEN

Als ich noch in England lebte, habe ich mich immer auf die Spargelzeit gefreut. Der grüne Spargel dort ist für mich einfach der beste der Welt. Ein Frühlingsbote mit kurzer Saison, und schon allein deswegen ein ganz besonderer Genuss.

Ihre natürliche Süße verlieren die Stangen bald nach der Ernte, deshalb ist Spargel vom anderen Ende der Welt keine Empfehlung. Man isst ihn am besten mit den Fingern, und ich rate Ihnen, jede Stange in die köstliche Muschelcreme zu tunken, deren Geschmack durch Orangenpulver und knusprige Roggenbrotkrümel verstärkt wird.

1. Die Glut vorbereiten.
2. Die Orange hauchdünn schälen, ohne dabei an die weiße Haut zu kommen, dann auspressen. Die Schale auf einem Grillgitter 20 cm über der Glut rösten, dann abkühlen lassen und im Mörser zu einem feinen Pulver zerstoßen. Beiseitestellen.
3. Das Roggenbrot auf dem Rost toasten, abkühlen lassen und in der Küchenmaschine zu groben Krümeln zerkleinern. Salzen.
4. Die Glut gleichmäßig verteilen und den Grillrost etwa 2 ½ cm darüber anbringen.
5. Die Muscheln nebeneinander auf dem Rost verteilen, eine tiefe feuerfeste Pfanne als Deckel darauflegen und die Muscheln 2–3 Minuten garen.
6. Die geöffneten Muscheln mit einer Zange vorsichtig in eine Schale umbetten und dabei möglichst viel von ihrer Flüssigkeit bewahren, die dann in einen Topf abgegossen wird.
7. Die Muschelflüssigkeit auf dem Herd erhitzen und den Orangensaft hinzufügen. Die Flüssigkeit um die Hälfte reduzieren.
8. Die Muscheln aus den Schalen lösen, Bart, wo vorhanden, mit einem kleinen Messer entfernen. Die Muscheln in der Küchenmaschine mit der Muschel-Orangensaft-Reduktion und dem Olivenöl zu einer glatten Creme pürieren, durch ein feines Sieb passieren und kalt stellen.
9. Von den Spargelstangen das holzige Ende abbrechen. Den Grillrost 5 cm über der Glut anbringen und den Spargel 3–4 Minuten rösten, bis die Stangen zart und leicht verkohlt sind. Herunternehmen und noch warm mit Schale und Saft der Zitrone und etwas Olivenöl würzen.
10. Auf jeden Servierteller einen Löffel Muschelcreme setzen und mit dem Orangenpulver bestäuben. Daneben die Spargelstangen anrichten und mit den gerösteten Roggenbrotkrümeln und den Agretti garnieren. Sofort servieren.

KATEGORIE *herzhaft*

HOLZ
Orange, Olive

TEMPERATUR
intensive Glut

AUSRÜSTUNG
Grillgitter, Grillrost

ZUTATEN

1 unbehandelte Orange

2 Scheiben dunkles Roggenbrot

Meersalz

500 g Miesmuscheln, geputzt (siehe Anmerkung Seite 139)

100 ml fruchtig-mildes natives Olivenöl extra, zzgl. etwas für den Spargel

2 Bund grüner Spargel

Schale und Saft von 1 unbehandelten Zitrone

100 g Agretti (siehe Anmerkungen)

ANMERKUNGEN

Spargel nur verwenden, wenn er Saison hat, dann hat er den besten Geschmack. Frischer Spargel sollte fest sein, und am Schnittende sollte bei leichtem Druck Saft austreten.

Die im Mittelmeerraum beheimateten Agretti sind auch als Mönchsbart oder Salzkraut bekannt. Man kann an ihrer Stelle auch andere Sukkulenten wie Queller (Salicornia) nehmen.

Brokkoli

Aubergine, Chilikrokant

FÜR 4 PERSONEN

Brokkoli entwickelt eine schöne süße Nussigkeit, wenn er gegrillt wird, und passt dann besonders gut zu der cremigen Rauchigkeit des Auberginenpürees in diesem Gericht.

Der fermentierte Chilikrokant sorgt für eine gewisse Schärfe und zugleich für einen angenehmen Biss.

1. Die Glut vorbereiten.
2. Vom Erdnussöl 200 ml abmessen und in einem mittelgroßen Topf auf 180 °C erhitzen. Die Erdnüsse darin braten, bis sie leicht gebräunt sind. Mit einem Schöpflöffel herausheben und auf Küchenpapier abtropfen lassen. Mit den Kürbiskernen genauso verfahren. Das Öl aufheben.
3. Das restliche Erdnussöl in einem kleinen Topf erhitzen und die fermentierte Chilipaste darin anbraten, bis die Feuchtigkeit verdampft ist. Den Zucker sowie 80 ml Wasser hinzufügen und weitererhitzen, bis die Mischung 150 °C erreicht. Nüsse und Kerne unterrühren. Die Masse auf ein Backblech gießen und abkühlen lassen. Sobald sie vollständig abgekühlt und ausgehärtet ist, den Krokant in kleine Stücke zerbrechen und beiseitestellen.
4. Die Glut gleichmäßig verteilen und das Grillgitter etwa 5 cm darüber anbringen. Die Auberginen rundherum einstechen und auf den Rost legen. Immer wieder wenden, bis die Schale Blasen wirft und rundherum schwarz wird.
5. Die Auberginen vom Rost nehmen, 5 Minuten ruhen lassen, dann die verkohlte Schale vorsichtig entfernen. Das Fleisch der Auberginen auf einen Teller legen und mit dem aufgehobenen Erdnussöl beträufeln. Der rauchige Saft der Auberginen sollte sich mit dem Öl vermischen.
6. Die Auberginen mit ihrem Saft und dem Reisessig in der Küchenmaschine zu einer glatten Creme pürieren. Salzen und durch ein feines Sieb streichen.
7. Das Traubenkernöl in einer gusseisernen Pfanne auf 140 °C erhitzen und die Chilifäden darin knusprig braten. Mit einem Schaumlöffel herausnehmen und auf Küchenpapier abtropfen lassen.
8. Die holzigen Stiele des Brokkoli schälen, die Blätter beiseitelegen und den Brokkoli in acht Stücke teilen. 3–4 Minuten grillen, bis die Stücke Farbe angenommen haben. Wenden und den Vorgang wiederholen. Brokkoli auf einen Teller legen, mit Meersalz und Limettenschale würzen und leicht mit Olivenöl beträufeln.
9. Brokkoliblätter rasch über der Glut rösten, bis sie knusprig sind. Salzen.
10. Das warme Auberginenpüree auf Teller verteilen. Den Brokkoli darauf anrichten und mit den gerösteten Blättern, Krokantkrümeln und Chilifäden garnieren. Sofort servieren.

KATEGORIE *herzhaft*

HOLZ
Olive

TEMPERATUR
mittlere bis intensive Glut

AUSRÜSTUNG
Küchenthermometer, Grillgitter, gusseiserne Pfanne

ZUTATEN

- 250 ml Erdnussöl
- 100 g Erdnüsse
- 25 g Kürbiskerne
- 2 TL fermentierte Chilipaste (siehe Seite 242)
- 30 g Kokosblütenzucker
- 2 große Auberginen
- 35 ml Reisessig
- Meersalz
- 200 ml Traubenkernöl
- 1 rote Chilischote, entkernt und in feine Fäden geschnitten
- 1 großer Kopf Brokkoli
- Schale von 1 unbehandelten Limette
- natives Olivenöl extra zum Beträufeln

Rosenkohl

geräucherte Schweinshaxe, Kartoffeln

FÜR 4 PERSONEN

Viele Menschen mögen keinen Rosenkohl, weil sie genetisch empfindlich gegen Bitterkeit sind. Es bringt jedenfalls nichts, ihn zu Tode zu kochen, wobei jede Menge Schwefel freigesetzt wird. Wie alles Gemüse wird er am besten möglichst schnell nach der Ernte gegessen, und wenn man ihn grillt, entwickelt er eine süße, nussige Fülle, der schwer zu widerstehen ist.

Geräucherte Schweinshaxen haben etwas Tröstliches für mich: Sie sind gehaltvoll, rauchig und salzig. Die Cremigkeit der Kartoffeln rundet das Gericht ab, das sehr schön die Balance zwischen bitter, süß und salzig bewahrt.

1. Die Glut vorbereiten.
2. Den Holzofen auf 200 °C vorheizen. Die Schweinshaxe 10–15 Minuten im Ofen rösten, bis sie goldbraun ist.
3. Schweinshaxe, Brühe, Weißwein, Zwiebel, Möhre und Sellerie in eine große feuerfeste Auflaufform füllen. Auf dem Herd oder im Holzofen bei 120 °C 2–3 Stunden garen, bis sich das Fleisch vom Knochen löst. Abkühlen lassen, die Flüssigkeit in einen Krug abseihen. Das Gemüse wegwerfen und das Fleisch vom Knochen ablösen. Das Fleisch in eine gusseiserne Pfanne legen und mit der Brühe bedecken. Beiseitestellen.
4. In der Zwischenzeit die ungeschälten Kartoffeln waschen und gründlich abtrocknen. Das Salz auf einem Backblech ausbreiten, das groß genug ist, um die Kartoffeln nebeneinander aufzunehmen. Die Kartoffeln auf dem Salz verteilen und 50 Minuten bei 200 °C im Holzofen backen, bis sie weich sind. Herausnehmen, noch warm schälen und in gleich große Stücke zerteilen. Beiseitestellen.
5. Die äußeren Blätter des Rosenkohls vorsichtig ablösen und aufheben. Die Röschen halbieren. Leicht mit Olivenöl besprühen und auf einem Grillgitter 15 cm über der Glut grillen (oder im Holzofen bei 200 °C rösten), bis sie goldbraun sind. Leicht salzen, die aufbewahrten Blätter darüberstreuen und 4 Minuten mitgaren, bis sie knusprig sind.
6. Kartoffeln und Schweinefleisch in der Brühe wieder erwärmen. Auf tiefe Teller verteilen und mit dem gerösteten Rosenkohl bedecken.

KATEGORIE *herzhaft*

HOLZ
Eiche

TEMPERATUR
intensive Glut

AUSRÜSTUNG
Holzofen, Infrarotthermometer, gusseiserne Pfanne, Grillgitter

ZUTATEN

1 geräucherte Schweinshaxe (etwa 500 g)

750 ml Hühnerbrühe

250 ml Weißwein

1 braune Zwiebel, halbiert

1 Möhre, grob gehackt

2 Stangen Staudensellerie, grob gehackt

500 g mehligkochende Kartoffeln

475 g grobes Salz

350 g Rosenkohl

Olivenöl zum Besprühen

Meersalz

ALTERNATIVE METHODE

Den Rosenkohl in einer gusseisernen Pfanne im Holzofen rösten.

Aubergine

Shiitake, Bärlauch

FÜR 4 PERSONEN

Dicke, glänzende Auberginen eignen sich wunderbar zum Grillen: Ihre Haut schützt dabei das delikate Fruchtfleisch, während es langsam gart. Es gewinnt dabei eine rauchige Süße, die ihm alle Bitterkeit austreibt. Die erdigen, vollmundigen Shiitake-Plze sind reich an Umami und verleihen dem Gericht einen kräftigen, fleischigen Geschmack.

1. Die Glut vorbereiten. Die Glut gleichmäßig verteilen und einen Grillrost etwa 5 cm darüber anbringen.
2. Die Auberginen rundherum einstechen und auf den Rost legen. Grillen, bis die Schale Blasen wirft und schwarz wird, und dabei immer wieder drehen.
3. Die Auberginen vom Rost nehmen, 5 Minuten ruhen lassen. Die verkohlte Haut vorsichtig entfernen.
4. Die gehäuteten Auberginen auf einen Teller geben, salzen und großzügig mit dem Olivenöl beträufeln.
5. Die Auberginen 5–10 Minuten ruhen lassen; der rauchige Saft sollte sich mit dem Öl vermischen.
6. In der Zwischenzeit die Shiitake-Pilze leicht mit Olivenöl besprühen, salzen und mit der Hutseite nach unten 5–6 Minuten grillen, bis sie zart sind.
7. Enoki-Pilze und Bärlauch grillen, bis sie leicht verkohlt sind.
8. Die Auberginen längs halbieren und zum Aufwärmen wieder auf den Grill legen; den Saft aufheben.
9. Die Auberginenhälften auf tiefe Teller verteilen, mit den gegrillten Pilzen und dem Bärlauch bestreuen. Zum Schluss den Auberginensaft darübergießen und sofort servieren.

KATEGORIE *herzhaft*

HOLZ
gut abgelagertes Hartholz, vorzugsweise Eiche

TEMPERATUR
mittlere bis intensive Glut

AUSRÜSTUNG
Grillrost

ZUTATEN

2 reife Auberginen (siehe Anmerkung), mit Stiel, grüner Kelch entfernt

Meersalz

100 ml fruchtig-leichtes natives Olivenöl extra, zzgl. etwas zum Besprühen

300 mg Shiitake-Pilze, abgebürstet

100 mg Enoki-Pilze, geputzt und in 8 Büschel zerteilt

1 Bund Bärlauch

ANMERKUNG

Beim Einkauf von Auberginen sollten Sie Exemplare auswählen, die sich für ihre Größe schwer anfühlen. Auberginen, die viele Samen enthalten, schmecken zu bitter und sind nicht optimal. Das Gemüse immer einstechen, bevor man es auf den Grillrost legt. So kann der Dampf entweichen, und die Auberginen platzen nicht.

Butternusskürbis

rauchiger Ricotta, Kürbiskerne

FÜR 4 PERSONEN

Tief in heiße Asche vergrabene Kürbisse behaupten sich wacker. Der langsam geröstete süße Butternusskürbis harmoniert gut mit dem rauchig-sahnigen Ricotta. In diesem Gericht finden auch die Kürbisranken Verwendung, und die gerösteten Kerne bieten einen knusprigen Widerstand, während die gerösteten Haferflocken einen ebenbürtigen erdigen Akzent setzen.

KATEGORIE *herzhaft*

HOLZ
Eiche

TEMPERATUR
heiße Asche, mittlere bis intensive Glut

AUSRÜSTUNG
gusseiserne Pfanne oder Holzofen, Infrarotthermometer

ZUTATEN

2 kleine Butternusskürbisse

110 ml natives Olivenöl extra

Meersalz

1 Handvoll zarte Kürbisranken mit jungen Blättern (nach Belieben)

½ Kopf Radicchio, Blätter abgetrennt und grob zerzupft

20 ml Sherryessig

250 g rauchiger Ricotta (siehe Seite 224)

30 g Kürbiskerne, geröstet

30 g Haferflocken, geröstet

20 ml Kürbiskernöl

1. Die Glut oder den Holzofen vorbereiten.
2. Die Kürbisse direkt in der heißen Asche am Rand des Feuers vergraben. 50–60 Minuten garen, bis sich ein Spieß leicht hindurchstechen lässt. Die Kürbisse aus der Asche nehmen. Mehr Holz aufs Feuer legen, um neue Glut zu erzeugen.
3. Die Kürbisse quer halbieren und die Kerne entfernen.
4. Eine gusseiserne Pfanne auf dem Feuer oder in einem Holzofen auf 200 °C erhitzen. 50 ml vom Olivenöl hineingeben und die Kürbishälften mit der Schnittseite nach unten in die Pfanne legen. 10 Minuten rösten, bis der Zucker karamellisiert ist und eine goldbraune Farbe angenommen hat. Wenden, salzen und weitere 5 Minuten rösten.
5. Die Kürbisranken (falls verwendet) 1 Minute grillen. In eine Schale legen, mit den Radicchioblättern vermischen und mit Sherryessig und dem restlichen Olivenöl durchheben.
6. In jede Kürbishälfte Ricotta füllen, Kürbisranken und Radicchio darauf verteilen. Alles mit gerösteten Kürbiskernen und Haferflocken bestreuen und mit Kürbiskernöl beträufeln. Sofort servieren

Salat

Guanciale, Pekannüsse

FÜR 4 PERSONEN

Es scheint ein Unding zu sein, Salat zu grillen, aber er schmeckt großartig. Obwohl wir damals im Baskenland alle möglichen und unmöglichen Sachen gegrillt haben – auch Kaviar und Austern –, war die Antwort auf die Frage, ob es irgendwas gäbe, was im *Etxebarri* nicht auf dem Grillrost landet, stets: »Salat grillen wir natürlich nicht.« Den Spaniern ist ihr Salat heilig, und deshalb musste ich warten, bis ich nach Australien kam, um mich zu fragen: Warum eigentlich nicht?

Wir stellten einen Salat aus Romanasalatherzen, Radicchio und Chicorée zusammen, den wir mit glänzenden Scheiben von warmem Guanciale (luftgetrockneter Speck aus der Schweinebacke) und frischen Pekannüssen vom Hof meines Freundes garnierten. Wenn man Salat und bittere Blätter grillt, haben sie das Zeug für eine Hauptrolle: Ihre leicht verbrannten äußeren Blätter und das karamellisierte Innere bilden eine exquisite Balance.

KATEGORIE *herzhaft*

HOLZ
Apfel

TEMPERATUR
mittlere bis intensive Glut

AUSRÜSTUNG
Grillrost

ZUTATEN

2 Romanasalatherzen, halbiert

1 Radicchio, geviertelt

2 Chicorée, halbiert

Olivenöl zum Besprühen

Meersalz

Schale von ½ unbehandelten Orange

12 dünne Scheiben Guanciale (oder Lardo)

100 g Pekannüsse, geschält

Für das Dressing

2 EL Apfelessig

2 EL Pedro-Ximenez-Essig

1 Prise Meersalz

60 ml Traubenkernöl

60 ml natives Olivenöl extra

1. Die Glut vorbereiten und einen Grillrost direkt darauflegen.
2. Das Dressing zubereiten: Den gesamten Essig mit dem Salz verrühren und unter stetigem Quirlen die Öle allmählich hinzugießen, bis die Vinaigrette emulgiert.
3. Die Salatköpfe leicht mit Olivenöl besprühen und 2–3 Minuten auf jeder Seite grillen, bis sie karamellisiert und leicht verkohlt sind. Herunternehmen, mit Salz und Orangenschale würzen und in das Dressing legen.
4. Die Guanciale-Scheiben auf einer hitzebeständigen Platte auslegen und 20 cm über der Glut sanft erwärmen, bis sie durchsichtig sind.
5. Blätter und Guanciale auf vorgewärmte tiefe Teller verteilen, mit zerbröckelten Pekannüssen bestreuen und sofort servieren.

Piperade
Eier

FÜR 4 PERSONEN

Piperade ist ein baskischer Klassiker mit Paprikaschoten, Tomaten und Zwiebeln – eine Art Nationalgericht, denn Grün, Rot und Weiß sind auch die Farben der *ikurriña*, der Nationalflagge. Ein typisches Beispiel für die Küche des Baskenlands, die bekannt ist für einfache Speisen, die von der Qualität der Zutaten leben.

Das Gericht hat seinen Namen von einer besonderen Art grüner Paprika, der *biper eztia*, die im Baskenland zu Hause ist. Hier wird sie mit roten Schoten kombiniert, deren süßer Geschmack sich durch das Grillen verstärkt. Entgegen der Tradition wandern sowohl Paprika wie auch Zwiebeln auf den Rost, was die Geschmacksnuancen noch komplexer macht. Hier werden Eier, in die Piperade eingebettet, gebraten, wodurch das Gericht zu einer Art *shakshuka* (was im Arabischen so viel wie »alles durcheinander« bedeutet) und zu einem köstlichen Pfannengericht wird.

KATEGORIE *herzhaft*

HOLZ
Olive

TEMPERATUR
intensive Glut, mittlere Glut

AUSRÜSTUNG
Grillrost, gusseiserne Pfanne

ZUTATEN

2 lange, dünne grüne Paprikaschoten

2 lange, dünne rote Paprikaschoten

Meersalz

2 Zwiebeln, halbiert

6 reife Tomaten, halbiert

80 ml natives Olivenöl extra

1 Knoblauchzehe, fein gehackt

1 Thymianzweig

½ TL Piment d'Espelette

4 Eier mit Zimmertemperatur

½ Bund glatte Petersilie, grob gehackt

1. Die intensive Glut vorbereiten und einen Grillrost etwa 10 cm darüber anbringen.
2. Die Paprika zubereiten: Grüne und rote Paprikaschoten im Ganzen grillen und dabei immer wieder drehen, bis sie rundherum geschwärzt sind. Dann in eine Schale legen, zudecken und 10 Minuten nachgaren. Sobald man sie anfassen kann, die Haut sorgfältig abziehen und die Samen entfernen. Paprika salzen und in lange Streifen schneiden. In eine Schale legen.
3. Zwiebeln und Tomaten 10–15 Minuten grillen, bis sie leicht verkohlt und karamellisiert sind. Vom Grill nehmen und grob hacken, mit den Paprikastreifen vermengen.
4. Das Olivenöl in einer gusseisernen Pfanne erhitzen und den Knoblauch 1 Minute anbraten, bis er zu duften beginnt. Zwiebeln, Tomaten, Paprika, Thymianzweig und Piment d'Espelette hinzufügen und alles 20–30 Minuten garen, bis die Zwiebeln weich sind. Gut mit Meersalz würzen.
5. Die Eier nacheinander direkt in die Pfanne aufschlagen, sodass sie gleichmäßig verteilt sind. 10–12 Minuten über mittlerer Glut braten, bis die Eier oben gerade zu stocken beginnen.
6. Die Piperade auf tiefe Teller verteilen. Mit Petersilie bestreuen und sofort servieren.

Kartoffel

Crème fraîche, Bottarga

FÜR 4 PERSONEN

Die Kartoffel ist dank ihrer Schale perfekt geeignet, um langsam in der Asche des Feuers zu garen. Durch Zerdrücken vergrößert man die Oberfläche und vergröbert die Ränder, die beim Braten knusprig und goldbraun werden, während das Innere weich und flockig bleibt.

1. Die Asche vorbereiten, indem man das Holz langsam 2 Stunden niederbrennen lässt.
2. Die Kartoffeln direkt in der heißen Asche (220–250 °C) vergraben. 1 ½ Stunden backen, bis sich das Fleisch unter der Schale weich anfühlt.
3. In der Zwischenzeit den Dill zusammen mit der Zitronenschale und ihrem Saft unter die Crème fraîche rühren. Salzen und beiseitestellen.
4. Die Kartoffeln aus der Asche nehmen, die Asche sorgfältig abbürsten und die Kartoffeln mit einem Löffelrücken zerdrücken.
5. Eine gusseiserne Pfanne über intensive Glut setzen. Das Rinderfett darin fast bis zum Rauchpunkt erhitzen, dann die Kartoffeln hineingeben. 5 Minuten auf beiden Seiten braten und regelmäßig mit dem heißen Fett begießen, bis sie gleichmäßig gebräunt sind. Weitere 10 Minuten über mittlerer Glut in der Pfanne rösten, bis die Kartoffeln knusprig sind.
6. Die Kartoffeln mit einem Schaumlöffel aus der Pfanne heben und auf Küchenpapier abtropfen lassen. Salzen.
7. Die Kartoffeln auf Teller verteilen, Crème fraîche darüberlöffeln und die Bottarga dazureiben. Mit dem restlichen Dill garnieren und sofort servieren.

KATEGORIE *herzhaft*

HOLZ
Eiche

TEMPERATUR
heiße Asche, intensive Glut

AUSRÜSTUNG
gusseiserne Pfanne

ZUTATEN

4 mehligkochende Kartoffeln (à 220 g; am besten Bintje), gründlich gesäubert

½ Bund Dill (etwas zum Garnieren zurückbehalten), gehackt

Schale und Saft von ½ unbehandelten Zitrone

120 g Crème fraîche

Meersalz

100 g Rinderfett oder Entenschmalz

20 g Bottarga (gesalzener, luftgetrockneter Meeräschen-Rogen)

ALTERNATIVE METHODE

Die Kartoffeln nach dem Garen in der Asche im Holzofen fertig braten.

Brauner Kräuterseitling

rohes Rindfleisch, Sellerie

FÜR 4 PERSONEN

Kräuterseitlinge nehmen beim Garen eine feste Konsistenz und ein köstliches, starkes Aroma an, roh dagegen besitzen sie wenig Geschmack. Das Grillen verstärkt ihre holzigen Noten, und die Pilze entwickeln eine dichte, fleischige Qualität und eine süße Rauchigkeit voller Umami. Rohe Scheiben von trocken gereiftem Rindfleisch steigern die fleischige Anmutung, während der Sellerie einen würzigen und kräftigen Abschluss bildet.

1. Die Glut vorbereiten. Das Grillgitter 10 cm über der Glut anbringen.
2. Das Selleriepüree zubereiten: Die Selleriescheiben auf beiden Seiten leicht mit Traubenkernöl besprühen. Die Selleriescheiben auf beiden Seiten grillen, bis sie pechschwarz werden und sich sehr weich anfühlen.
3. Noch warm im Mixer bei mittlerer Geschwindigkeit fein zerkleinern. Bei laufendem Mixer 150–200 ml kochendes Wasser (vielleicht braucht man nicht alles) hinzugießen und alles glatt pürieren. Das Olivenöl untermixen und das Püree weitere 2 Minuten durchmixen.
4. Mit Salz und Essig abschmecken. Das Püree durch ein feines Sieb passieren.
5. Ein Grillgitter 15 cm über der Glut platzieren. Die Pilze leicht mit Traubenkernöl besprühen und mit der Schnittseite nach unten auf den Rost legen. Bedecken und 8 Minuten grillen, bis die Pilze beginnen, Flüssigkeit abzusondern und eine honigbraune Farbe anzunehmen. Die Pilze umdrehen, salzen und weitere 4 Minuten grillen.
6. Das Selleriepüree löffelweise auf Teller häufeln und jeweils einen halben Pilz darauflegen. Die Rindfleischscheiben (1 Scheibe pro Pilz) auf die Pilzhälften legen und sofort servieren.

KATEGORIE *herzhaft*

HOLZ
Eiche

TEMPERATUR
mittlere bis intensive Glut

AUSRÜSTUNG
Grillgitter

ZUTATEN

400 g braune Kräuterseitlinge, geputzt und halbiert

Traubenkernöl zum Besprühen

Meersalz

60 g rohes Rindfleisch, am besten trocken gereift, in dünne Scheiben geschnitten

Für das Selleriepüree

200 g Knollensellerie, geschält und in 1½ cm dicke Scheiben geschnitten

Traubenkernöl zum Besprühen

100 ml natives Olivenöl extra

Meersalz

Cavaessig zum Abschmecken

Blumenkohl

Rinderfett, Haselnüsse

FÜR 4 PERSONEN

Wenn man Blumenkohl grillt oder röstet, entwickelt er eine unglaubliche Süße, die in diesem Rezept durch das Rinderfett und die gerösteten Haselnüsse unterstrichen wird.

1. Die Glut vorbereiten.
2. Die Haselnüsse in einer gusseisernen Pfanne vorsichtig trocken rösten, bis sie goldbraun sind. Herausnehmen und in einem Geschirrtuch rollen, damit sie die braune papierartige Haut verlieren, halbieren und beiseitelegen.
3. Den Blumenkohl halbieren und leicht mit Rinderfett bestreichen. Mit der Schnittseite auf den Rost legen. 8–10 Minuten grillen, bis der Blumenkohl goldbraun ist. Zusammen mit dem restlichen Fett in eine gusseiserne Pfanne legen, salzen und weitere 10–12 Minuten auf dem Feuer rösten, einmal umdrehen und immer wieder mit dem Fett begießen. Die Blumenkohlhälften auf einer vorgewärmten Platte anrichten.
4. Den Essig in die Pfanne gießen und unter Rühren zum Kochen bringen, um den Bratensatz abzulöschen, dann die Haselnüsse dazugeben.
5. Die Blumenkohlblätter auf den Grill legen. Schnell grillen, bis sie leicht verbrannt sind, und rund um den Blumenkohl verteilen.
6. Die in der Pfanne verbliebene Fett-Essig-Mischung mit einem Schneebesen durchrühren und mit Salz abschmecken. Den Blumenkohl damit übergießen und sofort servieren.

KATEGORIE *herzhaft*

HOLZ
Eiche

TEMPERATUR
intensive Glut

AUSRÜSTUNG
gusseiserne Pfanne, Grillrost

ZUTATEN

40 g Haselnusskerne

1 Blumenkohl, Blätter entfernt und beiseitegelegt

120 g Talg (Rinderfett), vorzugsweise von trocken gereiftem Rindfleisch, zerlassen, zzgl. etwas zum Bestreichen

Meersalz

60 ml gereifter Pedro-Ximenez-Essig

ALTERNATIVE METHODE

Den Blumenkohl im Holzofen rösten.

Gurke

Dill, Meerrettich

FÜR 4 PERSONEN

Gurken fühlen sich wegen ihres hohen Wasseranteils tatsächlich kühler an als die Temperatur in ihrer Umgebung. Angesichts der Nähe zum Grill ist es erstaunlich, dass irgendetwas kühl bleiben kann, aber dieses Gericht schafft das. Es ist erfrischend und voll ausgeprägter Kontraste zwischen verschiedenen Geschmacksnuancen – alle von der Gurke. Die Kombination von fermentierter und gegrillter und die belebende Art der frischen Gurke ergeben komplexe Kohlenoten, einen Salzhauch und unverfälschte Rohheit im selben Bissen. Die Crème fraîche mit Dill verbindet die Gurken zu einer himmlischen Dreierkonstellation, die durch den Meerrettich einen weiteren Akzent erhält.

KATEGORIE *herzhaft*

HOLZ
Olive

TEMPERATUR
mittlere bis intensive Glut

AUSRÜSTUNG
Grillrost

ZUTATEN

½ Bund Dill, gehackt

100 g Crème fraîche

4 Mini-Gurken, halbiert

fruchtig-mildes natives Olivenöl extra

1 Zitronen- oder Apfelgurke, in Achtel geschnitten

3 Blätter Zitronenmelisse, gehackt

1 Bund Brunnenkresse, Blätter abgezupft

15 g frischer Meerrettich, geschält

Für die Salzgurken

4 kleine Gurken, vom Stielansatz befreit und halbiert

10 g Meerrettich, geschält und in Scheiben geschnitten

½ Bund Dill, gehackt

500 ml Salzlake, gekühlt (siehe Seite 240)

50 ml Molke (siehe Anmerkungen)

1. Für die Salzgurken die Gurken in ein sterilisiertes Glasgefäß von 500 ml Fassungsvermögen legen. Meerrettich und Dill hinzufügen und alles mit der Salzlake und Molke übergießen. Fest verschließen und 3 Tage an einem kühlen, abgedunkelten Ort gären lassen. Dabei bildet sich Milchsäure, und die Gurken werden weich. Sobald sie fermentiert sind, bis zum Verzehr in den Kühlschrank stellen.
2. Die Glut vorbereiten und einen Grillrost direkt darauflegen.
3. Die Salzgurken abtropfen lassen, die Einlegeflüssigkeit aufheben.
4. Den Dill mit der Crème fraîche und 60 ml der Gurkenflüssigkeit verrühren.
5. Die rohen Gurken und die Salzgurken etwa 2 Minuten über direkter Hitze grillen, bis sie leicht verkohlt sind. Herunternehmen, mit dem Olivenöl beträufeln und mit der Zitronen- oder Apfelgurke, Zitronenmelisse und Brunnenkresse vermengen.
6. Die Gurken auf der Dill-Crème-fraîche anrichten und den Meerrettich darüberreiben. Sofort servieren

ANMERKUNGEN

Die Salzgurken brauchen zum Fermentieren Zeit; deshalb mit diesem Teil des Rezepts 3 Tage vorher beginnen.

Molke ist die Flüssigkeit, die bei der Herstellung von Ricotta oder Butter (siehe Seite 224, 227) übrig bleibt. Man kann die Molke durch 2 EL Buttermilch (siehe Seite 227) ersetzen, verrührt mit 4 TL Wasser.

Pumpkin Sour

FÜR 1 PERSON

Gemüse in einem Cocktail? Das ist nicht so verrückt, wie es vielleicht klingt. Dieser Drink verbindet die zarte Rauchigkeit von Whisky mit der Süße von Kürbis und Honig. Duftender Thymian und säuerliche Zitrone verleihen diesem einzigartigen Cocktail eine frische Note.

1. Um die Glut vorzubereiten, das Holz langsam 1 Stunde niederbrennen lassen.
2. Das Kürbispüree zubereiten. Den Butternusskürbis direkt in der Glut rösten dabei mehrfach wenden.
3. Den Kürbis aus der Glut nehmen. Aufschneiden, mit einem Löffel die Kerne entfernen und das Fleisch herausschaben. Im Mixer pürieren. Das Püree in eine Schale umfüllen, Thymianzweige und Honig untermischen.
4. Für den Cocktail Whisky, Zitronensaft und 45 ml des Kürbispürees in einen Cocktail-Shaker füllen und gut schütteln. Eis und Eiweiß hinzufügen und noch einmal zum Kühlen und Verdünnen schütteln.
5. In ein gekühltes Cocktailglas abgießen und einen Zweig Zitronenthymian auf den Rand legen

KATEGORIE *Getränke*

HOLZ
Eiche

TEMPERATUR
mittlere Glut

ZUTATEN

50 ml rauchiger Scotch Whisky

30 ml Zitronensaft

45 ml Kürbispüree

Eiswürfel

1 Eiweiß

1 Zweig Zitronenthymian zum Garnieren

Für das Kürbispüree

1 kleiner Butternusskürbis

2 Zweige Thymian

100 g Honig

Spaghettikürbis

Kadaifi, eingelegte Rosenblütenbätter

FÜR 4 PERSONEN

Spaghettikürbisse haben mich schon als Kind fasziniert. Ihr gelbes Fruchtfleisch löst sich nach dem Garen in spaghettiartige Fäden auf; mit ein wenig Butter und Salz schmeckt es köstlich.

In Spanien isst man viel Kürbis in verschiedener Form, auch in Desserts wie *cabello d'angel* (»Engelshaar«), wofür die Fäden mit Zucker und Zimt gekocht werden. Auf diese Tradition bezieht sich mein Rezept, allerdings gart der Kürbis hier langsam in heißer Asche, wobei der Geschmack konzentriert und der natürliche Zucker karamellisiert wird. Die Fäden werden leicht kandiert, bevor sie mit Kadaifi verbunden werden, einem fädigen Blätterteig, der für eine knusprige Oberfläche sorgt.

1. Die Einlegeflüssigkeit für die Rosenblätter zubereiten: Rosenwasser, Essig, Zucker und Salz in einem Topf zum Kochen bringen. Rühren, damit sich Salz und Zucker auflösen. Vom Herd nehmen und abkühlen lassen.
2. In einem anderen Topf 200 ml Wasser zum Kochen bringen. Die Rosenblätter darin 2–3 Minuten blanchieren. Abgießen und sofort in die Einlegeflüssigkeit geben. 4 Stunden oder über Nacht ziehen lassen.
3. Die Glut vorbereiten und im Holzofen ein Feuer machen.
4. Den Kürbis rundherum einstechen und direkt in der 200–220 °C heißen Asche vergraben. 1 ½ Stunden garen, bis sich das Fleisch unter der Schale weich anfühlt. Herausnehmen und abkühlen lassen.
5. Den Kürbis halbieren, den Saft auffangen und die Kerne sorgfältig mit einem Löffel entfernen. Das Fleisch in langen Fäden mit einer Gabel aus der Kürbisschale lösen und in einen Behälter füllen.
6. Den aufgefangenen Saft mit Zucker, Zitronenschale und -saft, Zimtstange und Muskat in einem Topf zum Kochen bringen und 5 Minuten köcheln lassen. Leicht abkühlen lassen, dann 100 ml des Sirups abschöpfen. Die Kürbis-Spaghetti in den restlichen Sirup geben und 40–60 Minuten köcheln lassen, bis die Fäden sich voneinander trennen, durchsichtig und glasig werden. Vom Herd nehmen und abkühlen lassen.
7. Eine Handvoll Kadaifi-Fäden nehmen und auf der Arbeitsfläche auslegen. Mit der rauchigen Butter beträufeln und 2 Esslöffel Spaghettikürbis auf ein Ende des Teigs legen. Fest aufrollen und mit Butter beträufeln. Mit dem Rest von Teig, Butter und Kürbis genauso verfahren.
8. Die Päckchen im Holzofen bei 180 °C 10–20 Minuten backen, bis der Teig goldbraun und knusprig ist. Herausnehmen und mit dem restlichen Sirup begießen.
9. Jede Portion mit 1 Esslöffel Einlegeflüssigkeit beträufeln und mit eingelegten Rosenblütenblättern und Pistazienscheiben bestreuen. Sofort servieren.

KATEGORIE *süß*

HOLZ
Walnuss

TEMPERATUR
heiße Asche, mittlere Glut

AUSRÜSTUNG
Holzofen, Infrarotthermometer

ZUTATEN

1 Spaghettikürbis (1–1,2 kg)

400 g Zucker

Schale und Saft von 1 unbehandelten Zitrone

1 Zimtstange

geriebene Muskatnuss

200 g Kadaifi-Teig

100 g rauchige Butter, zerlassen (siehe Seite 227)

50 g Pistazienkerne, in Scheiben geschnitten

Für die Rosenblütenblätter

100 ml Rosenwasser

100 ml Reisessig

60 g Zucker

1 Prise Meersalz

2 frische ungespritzte Rosen, Blütenblätter abgezupft

ANMERKUNG

Die Rosenblätter müssen einige Zeit in der Einlegeflüssigkeit ziehen, deshalb mit diesem Teil des Rezepts mindestens 4 Stunden vorher beginnen.

Mais-Crème-brûlée

FÜR 4 PERSONEN

Ich ziehe es vor, Früchten und auch Gemüsen ihre natürliche Süße zu entlocken, anstatt ausschließlich auf raffinierten Zucker zu setzen. Tatsächlich ist die Verwendung von Gemüse in Desserts keine wirklich neue Entwicklung. Mais findet in Desserts eher selten Verwendung, aber wenn man ihn grillt, gibt er seine besten Eigenschaften preis: Er entwickelt eine intensive Süße, und sein Gelb wird noch gelber – perfekt für eine Crème brulée.

KATEGORIE *süß*

HOLZ
Olive

TEMPERATUR
mittlere bis schwache Glut

AUSRÜSTUNG
Holzofen, Infrarotthermometer, Brenneisen

ZUTATEN

3 große Maiskolben mit Hüllblättern

375 ml Sahne

200 ml Milch

4 Eigelb

80 g Zucker

½ unbehandelte Limette

1. Den Holzofen vorbereiten.
2. Die Maiskolben direkt auf die Glut legen und drehen, bis sie außen gleichmäßig schwarz sind. Herausnehmen, abkühlen lassen, die Hüllblätter abziehen und die Körner abschneiden.
3. Sahne, Milch und Maiskörner in einem kleinen Topf zum Kochen bringen. In einen Mixbecher umfüllen und mit dem elektrischen Stabmixer 30 Sekunden grob pürieren – es soll kein glattes Püree entstehen. 1 Stunde ziehen lassen.
4. Die Eigelbe und den Zucker zu einer blassgelben Creme verquirlen. Die Maismilch untermischen, dann alles durch ein feines Sieb passieren.
5. Die Mischung auf vier kleine Auflaufformen oder hitzebeständige Schalen (250 ml Fassungsvermögen) verteilen.
6. Im Holzofen 30–40 Minuten bei 120 °C backen, bis die Masse gestockt, aber in der Mitte noch beweglich ist. Herausnehmen und abkühlen lassen.
7. Jede Portion gleichmäßig mit dem restlichen Zucker bestreuen.
8. Mit einem im Feuer stark erhitzten Brenneisen (oder einem kleinen Gasbrenner) den Zucker karamellisieren, bis er von bernsteinbrauner Farbe ist.
9. Die Limettenschale darüberreiben und die Crème brûlée sofort servieren.

002

Fisch & Meeresfrüchte

Flusskrebs

Fingerlimette, Strandkräuter

FÜR 4 PERSONEN

In Australien gibt es riesige Flusskrebse, wir nennen sie Marron. Sie stammen aus Wildfang oder Zucht und können bis zu 40 cm lang werden (auf Seite 32–33 ist so ein prächtiger Bursche zu sehen). Ihr Fleisch schmeckt leicht süß und ein bisschen nussig, ähnlich wie Hummer, der deshalb auch ein passender Ersatz ist. Die dunkle Schale der Marrons verfärbt sich im Feuer leuchtend rot – immer wieder ein magischer Moment.

Ob Marron oder Hummer – erweisen Sie dem Tier Respekt, genießen Sie das feine Fleisch aus den Scheren, das festere aus dem Schwanz, aber auch den Corail, die Leber und alles, was flüssig ist. Diese Elemente verbinden sich perfekt mit den Salzpflanzen und dem frischen Zitrusaroma der Fingerlimette.

1. Die Glut vorbereiten.
2. Die Krebse oder Hummer töten (siehe Anmerkung) und der Länge nach spalten, dabei den Saft auffangen. Den dunklen Darmfaden sorgfältig entfernen.
3. Einen Grillrost etwa 15 cm über der Glut anbringen.
4. Die Krebshälften mit der Schale nach unten auf den Grill legen und den Saft zurück in die Kopfhöhlung gießen. Salzen.
5. Etwa 3–4 Minuten grillen, bis sich das zarte, durchsichtige Fleisch milchig trübt und die Schale ein leuchtendes Orange annimmt. Der Saft in der Kopfhöhlung sollte beginnen einzudicken.
6. In der Zwischenzeit die Fingerlimetten 1 Minute grillen, um ihre ätherischen Öle freizusetzen. Längs aufschneiden und das Fruchtfleisch behutsam mit Zeigefinger und Daumen herauspressen.
7. Das Olivenöl in einem kleinen Topf erwärmen. Die Krebse vom Grill nehmen, auf Teller verteilen und mit dem Olivenöl beträufeln. Das Fruchtfleisch der gegrillten Fingerlimetten auf die Kopfhöhlen verteilen.
8. Mit den Kräutern garnieren und sofort servieren.

KATEGORIE *herzhaft*

HOLZ
Steinobst, am besten Nektarine, Pfirsich oder Aprikose

TEMPERATUR
mittlere bis schwache Glut

AUSRÜSTUNG
Grillrost

ZUTATEN

4 große lebende Flusskrebse oder kleine Hummer

Meersalz

4 Fingerlimetten

60 ml fruchtig-mildes natives Olivenöl extra

Salzpflanzen wie Strand-Sode und Eiskraut zum Servieren

ANMERKUNG

Krustentiere verderben sehr schnell und sollten deshalb nach dem Kauf so rasch wie möglich zubereitet werden.

Kleine Kalmare

eingelegter Sellerie, Tintensauce

FÜR 4–8 PERSONEN

Bei der Zubereitung dieser kleinen Kalmare ist es wichtig, die Haut nicht zu verletzen. Sie ist mit Chromatophoren bedeckt, die dem Tier die Fähigkeit verleihen, seine Farbe zu wechseln und sich der Umgebung anzupassen. Diese Pigmentschicht schützt nicht nur den Kalmar vor Fressfeinden, sondern auch das empfindliche Eiweiß vor der intensiven Glut und bewahrt so den spezifischen Geschmack des Kalmars, während er auf dem Grill gart.

Das Buttermilch-Dressing gibt dem süßlichen Staudensellerie eine frische Säure. Außerdem ist es eine gute Möglichkeit, um die Buttermilch zu verwerten, wenn man rauchige Butter gemacht hat (siehe Seite 227).

KATEGORIE *herzhaft*

HOLZ
Kirsche

TEMPERATUR
intensive Glut

AUSRÜSTUNG
Grillgitter

ZUTATEN

8 kleine Kalmare

1 Sellerieherz mit feinen Blättern

Meersalz

50 ml fruchtig-mildes natives Olivenöl extra

100 g frische grüne Mandeln, geschält und in Stifte geschnitten

Für die Tintensauce

100 g ungehäutete Mandeln

½ Scheibe gegrilltes Sauerteigbrot

100 ml Tomatenwasser (siehe Seite 240)

15 g Kalmartinte

½ Knoblauchzehe, weich blanchiert

2 TL Cavaessig

25 ml fruchtig-mildes natives Olivenöl extra

Meersalz

Für das Buttermilch-Dressing

100 ml Buttermilch (siehe Seite 227)

½ Knoblauchzehe, blanchiert und fein gehackt

abgeriebene Schale von ½ unbehandelten Zitrone

25 ml fruchtig-mildes natives Olivenöl extra

1. Die Glut vorbereiten und ein Grillgitter direkt darauflegen.
2. Die Kalmare putzen, ohne die Haut zu verletzen. Tintenbeutel, Schulp, Augen und Kauwerkzeug entfernen. Körper und Arme abspülen.
3. Die Blätter vom Sellerie abschneiden und 16 zarte, helle Blätter zum Servieren beiseitelegen. Die anderen mit 20 g Meersalz im Mixer fein zerkleinern. Gleichmäßig auf einem Backblech verteilen, 40 Minuten trocknen lassen. Das Selleriesalz in einem Mörser gleichmäßig zerstoßen.
4. Die Selleriestangen mit einem Sparschäler in lange, dünne Streifen schneiden. In eine Schüssel mit Eiswasser legen, damit sie sich kräuseln und knackig werden.
5. Die Tintensauce zubereiten: Alle Zutaten mit einem Stabmixer zu einer glatten Creme pürieren. Durch ein feines Sieb passieren, mit Meersalz abschmecken und beiseitestellen.
6. Das Buttermilch-Dressing zubereiten: 50 ml Buttermilch mit Knoblauch und Zitronenschale in einer Schüssel vermischen. Das Olivenöl unterquirlen.
7. Die Selleriestreifen aus dem Eiswasser nehmen, abtropfen lassen, in dem Buttermilch-Dressing schwenken und mit dem Selleriesalz würzen.
8. Die Kalmare 1–2 Minuten auf jeder Seite über der Glut grillen und einmal wenden. Salzen und vom Grill nehmen. Auf einen Teller legen.
9. Das Olivenöl in einem kleinen Topf erwärmen und über die Kalmare gießen. Die restliche Buttermilch hinzufügen. Die Kalmare in ein Sieb geben, die gesamte Flüssigkeit zurück in den Topf gießen. Bei schwacher Hitze mit dem Schneebesen aufschlagen, bis eine leichte Emulsion entsteht.
10. Die Tintensauce auf vorgewärmte Teller verteilen, die Kalmare daraufsetzen. Daneben die Selleriestreifen anrichten, die frischen Mandeln und Sellerieblätter dazugeben. Zum Schluss etwas von der Emulsion auf jeden Teller träufeln.

Austern

eingelegter Kohlrabi, Apfel, Meersalat

FÜR 4 PERSONEN

KATEGORIE *herzhaft*

HOLZ
Apfel

TEMPERATUR
schwache Glut

AUSRÜSTUNG
Grillrost

ZUTATEN

8 große pazifische Austern

100 ml Reisessig

50 ml Mirin (süßer japanischer Reiswein)

1 EL Meersalz

1 kleiner Kohlrabi

1 Granny-Smith-Apfel

1 EL Traubenkernöl, zzgl. etwas zum Besprühen

100 g Meersalat (Queller), eingeweicht, abgespült und abgetropft

Viele Leute sind erstaunt, wenn empfindliche Zutaten wie Austern gegrillt werden. Aber gerade sie bringen die Vorteile des Garens auf einem offenen Holzfeuer so richtig zur Geltung. Das rauchige, subtile Aroma von Obsthölzern wie Apfel harmoniert gut mit der süßen, cremigen Salzigkeit der pazifischen Austern, die von einem kurzen Aufenthalt über der Glut sehr profitieren.

1. Die Glut vorbereiten und einen Grillrost etwa 15 cm darüber anbringen.
2. Die Austern vorbereiten: Fest mit einem Tuch in der Hand halten, die gewölbte Seite nach unten. Die Klinge eines Austernmessers millimeterweise mit einer kräftigen, bohrenden Bewegung zwischen die Schalenhälften schieben. Wenn das Messer eingedrungen ist, die Klinge unter der oberen Schale entlangschieben und den Schließmuskel durchtrennen. Dann die obere, flache Schale abnehmen und wegwerfen. Die Auster vorsichtig aus der Schale nehmen und alle Flüssigkeit durch ein feines Sieb in eine Schüssel gießen. Die unteren Schalenhälften zum Servieren säubern, den Schließmuskel entfernen.
3. Essig, Mirin und Meersalz in einer Schüssel mit einem Schneebesen schlagen, bis sich das Salz auflöst.
4. Den Kohlrabi schälen und mit einem Gemüsehobel in 2 cm breite Streifen schneiden. 10 Minuten in die Essigmischung einlegen.
5. Den Apfel schälen, vom Kerngehäuse befreien und in Stifte schneiden. Den eingelegten Kohlrabi abgießen und mit dem Apfel in einer Schüssel vermischen.
6. Die Austern in ein feines Sieb legen, mit Traubenkernöl besprühen und auf jeder Seite 2 Minuten über schwacher Glut grillen.
7. Den Meersalat zum Wärmen auf den Grill legen, dann in die gesäuberten Austernschalen legen, gefolgt von Kohlrabistreifen und Apfelstiften.
8. Das beiseitegestellte Austernwasser in einem Topf erwärmen. Mit 1 EL Traubenkernöl kräftig aufschlagen, bis eine schaumige Emulsion entsteht.
9. Die Austern wieder in ihre Schalen legen, mit der Emulsion übergießen. Den Queller dazugeben und sofort servieren.

Kleine Garnelen

Chilischote, Gartenmelde

FÜR 4 PERSONEN

Garnelen gehören wegen ihres wunderbar süßen Geschmacks zu den leckersten Krustentieren. Je kleiner sie sind, desto empfindlicher sind sie auch und verderben ganz besonders schnell. Gewöhnlich werden Garnelen in der Pfanne gebraten, aber vom Grill schmecken sie noch besser. Am besten isst man sie mit den Fingern – ganz Mutige verspeisen sie mit der knusprigen Schale und allem. Und ich rate Ihnen dringend, das einmal auszuprobieren.

1. Die Glut vorbereiten.
2. Die Garnelen vorbereiten: abspülen, vorsichtig die Köpfe abdrehen und für das Öl beiseitelegen.
3. Das aromatisierte Öl zubereiten: 50 ml Olivenöl in einer gusseisernen Pfanne erhitzen und Korianderkörner, Chilisamen, Ingwer und Knoblauch über dem offenen Feuer oder im Holzofen 1 Minute rösten, bis sie duften. Die Garnelenköpfe hinzufügen und mit einem Löffelrücken zerdrücken, damit sie mehr Geschmack abgeben. Weiter bei hoher Temperatur rösten, bis alles Wasser verdunstet ist. Das restliche Olivenöl und die Orangenschale hinzufügen und alles auf 70 °C erhitzen. 20 Minuten köcheln lassen. Kurz abkühlen lassen, dann durch ein feines Sieb passieren. Beiseitestellen.
4. Die Garnelen sparsam mit dem Traubenkernöl einsprühen und in einem feinen Sieb 4–5 Minuten direkt auf der Glut grillen, bis sie sich rosa färben.
5. Salzen, den Schnittknoblauch dazugeben und 30 Sekunden mitgrillen. Die Garnelen in eine Schale legen.
6. Das aromatisierte Öl in einer kleinen gusseisernen Pfanne erhitzen. Chilischoten und Gartenmeldeblätter hinzufügen und kurz garen. Das Chiliöl über die gegrillten Garnelen gießen.
7. Die Garnelen mit Saft und Schale der Zitrone schwenken und sofort servieren.

KATEGORIE *herzhaft*

HOLZ
Orange

TEMPERATUR
mittlere bis intensive Glut

AUSRÜSTUNG
gusseiserne Pfanne, Küchenthermometer

ZUTATEN

- 500 g kleine Garnelen
- 250 ml natives Olivenöl extra
- ½ EL Korianderkörner
- 1 Chilischote, entkernt und in feine Ringe geschnitten (die Samen für das Öl aufheben)
- 5 g Ingwer, fein gehackt
- 1 Knoblauchzehe, fein gehackt
- abgeriebene Schale von 1 unbehandelten Orange
- Traubenkernöl zum Besprühen
- Meersalz
- 1 Bund Schnittknoblauch, in Stücke geschnitten
- 40 g Gartenmeldeblätter
- abgeriebene Schale und Saft von 1 unbehandelten Zitrone

Kleine Muscheln

Knoblauch, Strandbanane

FÜR 4 PERSONEN

In Australien verwenden wir Pipis, die an der gesamten Ostküste gefunden werden und schon immer eine wichtige Nahrungsquelle für die australischen Ureinwohner waren – man hat sie in Muschelhaufen entdeckt, die mehr als 2000 Jahre alt sind. Als Jugendlicher hatte ich meine helle Freude daran, auf der Suche nach Fischködern barfuß bei Ebbe durch den Sand zu schlurfen, bis ich eine Muschel zwischen den Zehen spürte. Man konnte zwar keine frischeren Pipis bekommen, aber sie waren immer so verdammt sandig. Der Sand muss vor der Zubereitung unbedingt raus. Das Rezept funktioniert mit kleinen Muscheln aller Art, wie Venus- oder Dreiecksmuscheln.

1. Die Glut vorbereiten. Das glühende Holz gleichmäßig verteilen und ein Grillgitter 2 ½ cm darüber anbringen.
2. Die Muscheln direkt auf das Gitter legen. Sofort mit einem Deckel abdecken und 2–3 Minuten garen, bis sich die Muscheln öffnen.
3. In der Zwischenzeit Knoblauchknospen und Strandbanane auf der Glut grillen.
4. Den Deckel abheben und die Muscheln vorsichtig mit einer Zange vom Gitter nehmen, in eine Schüssel legen und dabei möglichst das Wasser aus den Muschelschalen nicht verschütten. Zitronenschale und -saft hinzufügen.
5. Das Olivenöl in einer kleinen gusseisernen Pfanne erhitzen. Die Chilischote hinzufügen und sanft braten, bis sie leicht goldfarben ist. Das Chiliöl über die Muscheln gießen.
6. Die Mischung aus Öl, Zitronensaft und Muschelwasser in einen Topf abgießen und bei schwacher Hitze mit einem Schneebesen zu einer Emulsion aufschlagen. Die Petersilie unterziehen.
7. Die Muscheln in einer Schale arrangieren, die Emulsion darübergießen, alles mit Knoblauchblüten und Strandbanane garnieren und sofort servieren.

KATEGORIE *herzhaft*

HOLZ
Apfel

TEMPERATUR
intensive Glut

AUSRÜSTUNG
Grillgitter, Deckel, gusseiserne Pfanne

ZUTATEN

1,6 kg kleine Muscheln (Venus- oder Dreiecksmuscheln), gesäubert (siehe Anmerkung)

1 Bund Knoblauchknospen

100 g Strandbanane (siehe Seite 246)

abgeriebene Schale und Saft von 1 unbehandelten Zitrone

100 ml fruchtig-mildes natives Olivenöl extra

1 rote Chilischote, entkernt und in feinste Streifen geschnitten

20 g glattblättrige Petersilie, fein gehackt

ANMERKUNG

Bei der Vorbereitung der Muscheln alle aussortieren, die auf irgendeine Weise beschädigt sind. Bei den geöffneten gegen die Schalen klopfen; Muscheln, die sich nicht schließen, ebenfalls aussortieren. Die Muscheln 30 Minuten in Salzwasser legen, damit sie möglichst viel Sand abgeben. Herausnehmen und vor der Zubereitung mit Süßwasser abspülen.

Rotbarbe

Escabeche

FÜR 4–8 PERSONEN

Die Rotbarbe ist rund ums Mittelmeer sehr beliebt. Ich kannte sie natürlich schon, bevor ich nach Australien kam. Aber erst hier lernte ich ihre Vorzüge wirklich kennen. Im antiken Rom waren diese Fischlein so geschätzt, dass man sie mit Silber aufwog. Rotbarben sind zwar klein, aber ihr Fleisch schmeckt köstlich, und die Haut wird auf dem Grill wunderbar knusprig.

Hier wird nicht der Fisch als Escabeche zubereitet, sondern das Gemüse; die gegrillten Rotbarben ruhen nur ganz zum Schluss für einen kurzen Moment in Zitrussaft. Ein Teller, der Sonnenschein verbreitet, egal welches Wetter herrscht.

KATEGORIE *herzhaft*

HOLZ
Orange

TEMPERATUR
intensive Glut

AUSRÜSTUNG
Grillkorb

ZUTATEN

8 Rotbarben

abgeriebene Schale und Saft von 8 unbehandelten Orangen

abgeriebene Schale und Saft von 2 unbehandelten Limetten

1 Stängel Zitronengras, angedrückt und fein gehackt

½ TL Fenchelsamen

1 Bund kleine Möhren, geschält und in dünne Scheiben geschnitten

3 kleine Fenchelknollen, nur das Innere in dünne Scheiben geschnitten

Meersalz

4 Frühlingszwiebeln, fein gehackt

100 ml natives Olivenöl extra, zzgl. etwas zum Beträufeln

½ Bund Fenchelgrün

1 Dolde Fenchelblüten

1. Die Glut vorbereiten.
2. Die Fische schuppen, ausnehmen und die Kiemen entfernen. Rasch abspülen und gut abtrocknen.
3. Die Fische aufklappen. Mit einem scharfen Messer entlang der Rückenflosse einmal Richtung Kopf, denn Richtung Schwanz einschneiden. Dieser Linie folgend, das Messer waagerecht zwischen Gräten und Filets schieben. Den Fisch umdrehen, und das Ganze auf der anderen Seite wiederholen.
4. Mit einer Schere vorsichtig das Rückgrat hinter dem Kopf und vor dem Schwanz durchschneiden. Das Rückgrat entfernen, Kopf und Schwanz bleiben, wo sie sind. Eventuell verbliebene Gräten mit einer Pinzette entfernen.
5. Das Escabeche-Gemüse zubereiten: Schale und Saft der Orangen und Limetten mit Zitronengras und Fenchelsamen in einem Topf zum Kochen bringen und köcheln lassen, bis die Flüssigkeit auf etwa 200 ml reduziert ist. Durch ein feines Sieb passieren und noch warm über die Möhren- und Fenchelscheiben gießen. 40 Minuten ziehen lassen.
6. Die Fleischseite der Fische mit Meersalz würzen. Die Fische in einem Grillkorb über intensiver Glut 2 Minuten mit der Hautseite nach unten grillen, bis sie schön karamellisiert ist.
7. In der Zwischenzeit Möhren und Fenchel abgießen (Flüssigkeit aufheben) und 2 Minuten mit den Frühlingszwiebeln grillen, bis sie leicht verkohlt sind. Salzen, mit Olivenöl beträufeln und mit der Hälfte des Fenchelgrüns garnieren.
8. Die Fische in eine große Schale legen, mit der aufgefangenen Escabeche-Flüssigkeit übergießen und 1 Minute ruhen lassen, bis die Säure den Fisch fertig gegart hat.
9. Das Olivenöl in einem kleinen Topf erwärmen und über die Rotbarben gießen. Die gesamte Flüssigkeit wieder in den Topf abgießen und mit einem Schneebesen aufschlagen, bis sich eine leichte Emulsion bildet.
10. Die Fische mit dem eingelegten und gegrillten Gemüse auf Tellern arrangieren und mit der Emulsion beträufeln. Mit dem restlichen Fenchelgrün und den Blüten garnieren. Sofort servieren.

Jakobsmuscheln

Lemon Curd, Lappentang

FÜR 4 PERSONEN

Um Jakobsmuscheln auf dem offenen Feuer zu garen, braucht man nicht mal eine Pfanne: man legt die Schalen direkt auf die Glut – genial! Sie leiten die Hitze wie eine Plancha (Grillplatte) und karamellisieren die Unterseite, während die obere nur gerade eben gegart ist und eine leicht geleeartige Konsistenz annimmt, die gut zu der Zitronencreme passt. Die Frühlingszwiebel steuert herzhafte Geschmacksnuancen bei, während der rauchige Tang dem Ganzen eine salzige Umami-Note verleiht.

1. Die Glut vorbereiten. Ein Grillgitter direkt daraufstellen.
2. Den Lemon Curd zubereiten: Die ganzen Zitronen 2 Minuten auf dem Grillgitter über der Glut rösten, bis sie ihre ätherischen Öle freisetzen. Herunternehmen, die Schale abreiben und die Früchte halbieren. Die Zitronenhälften 3 Minuten mit der Schnittseite nach unten grillen, bis sie leicht karamellisiert sind. Herunternehmen und auspressen, den Saft zu der Schale gießen. Eier und Zucker in einem kleinen Topf aufschlagen. Zitronensaft und -schale sowie die rauchige Butter hinzufügen. 8 Minuten bei schwacher Hitze weiter aufschlagen, bis die Mischung leicht andickt. In eine Servierschale umfüllen.
3. Die Jakobsmuscheln vorbereiten: Die Muscheln öffnen (siehe Seite 127). Das Innere mit einem Löffel aus der gewölbten Schale nehmen (die flachen Schalenhälften aufheben). Den Bart und die dunklen Anteile entfernen, der orangerote Rogen bleibt dran. Die Jakobsmuscheln mit Küchenpapier trocken tupfen und sofort in den Kühlschrank legen.
4. Den Lappentang abgießen und beiseitestellen.
5. Die flachen Schalenhälften zum Vorwärmen direkt auf die Glut legen. Einen Löffel Olivenöl in jede Schale geben, und sobald es zu rauchen beginnt, eine Muschel hineinlegen. 2 Minuten grillen, bis sie karamellisiert sind.
6. Die Muscheln mit dem Tang bedecken und nach 1 Minute wenden. Die Frühlingszwiebeln hinzufügen.
7. Die Jakobsmuscheln vom Feuer nehmen, salzen und sofort mit einem Löffel Lemon Curd servieren.

KATEGORIE *herzhaft*

HOLZ
Zitrus

TEMPERATUR
mittlere Glut

AUSRÜSTUNG
Grillgitter

ZUTATEN

12 lebende Jakobsmuscheln in der Schale

10 g getrockneter Lappentang, 1 Stunde in kaltem Wasser eingeweicht

100 ml kräftig-pikantes natives Olivenöl extra

4 Frühlingszwiebeln, fein gehackt

Meersalz

Für den Lemon Curd

3 unbehandelte Zitronen

3 Eier

180 g Zucker

120 g rauchige Butter (siehe Seite 227)

Sardinen

rote Paprikaschoten

FÜR 4 PERSONEN

Mit den Worten des spanischen Küchenchefs Ferran Adrià: »Eine sehr gute Sardine ist einem nicht so guten Hummer immer vorzuziehen.« Eine Erinnerung daran, dass jedes Gericht nur so gut sein kann wie seine Zutaten. Leider werden Sardinen allzu oft als Köderfisch abgetan oder als etwas Fischiges mit vielen Gräten angesehen, das in Dosen kommt. Dabei ist eine frische Sardine mit ihrer silbrig-blauen Färbung wunderschön anzusehen. Und niemand auf der Welt schätzt Sardinen mehr als die Portugiesen. Jedes Jahr am Festtag des Stadtheiligen von Lissabon ziehen Menschenmassen durch die Straßen der Metropole, und Tausende der kleinen Fische wandern auf den Grill.

Anders als ihre Cousins in der Dose verströmen gegrillte frische Sardinen ein kräftiges, salziges Aroma. In diesem Rezept stellen ich ihnen die energische Süße von Paprikaschoten an die Seite.

KATEGORIE *herzhaft*

HOLZ
Orange

TEMPERATUR
intensive Glut

AUSRÜSTUNG
Grillrost, Grillkorb

ZUTATEN

12 Sardinen

10 lange, dünne rote Paprikaschoten

4 Knoblauchzehen, in Scheiben geschnitten, Abschnitte für das Brot aufheben

½ Bund glattblättrige Petersilie, Blätter abgezupft

2 Scheiben helles Sauerteigbrot

100 ml fruchtig-mildes natives Olivenöl extra

Meersalz

Saft von ½ unbehandelten Zitrone

1. Die Glut vorbereiten. Einen Grillrost etwa 10 cm darüber anbringen.
2. Die Fische schuppen, ausnehmen und die Köpfe entfernen. Rasch abspülen und gut abtrocknen. Mit dem Daumennagel vom Kopf bis zum Schwanz unter dem Rückgrat entlangfahren. Behutsam auf das Rückgrat drücken, damit es sich löst, bevor man es herauszieht. Gräten entfernen, den Bauchrand glatt schneiden. Die Sardinen abspülen und mit Küchenpapier trocken tupfen.
3. Acht Paprikaschoten im Ganzen grillen und dabei oft drehen, bis sie rundherum mit Blasen bedeckt und schwarz sind. In eine Schale legen und mit einem Deckel oder Tuch abdecken. Für 5–10 Minuten beiseitestellen.
4. Die verbliebenen 2 Paprikaschoten entsaften. Den Saft durch ein Sieb in einen kleinen Topf gießen. Die Flüssigkeit einkochen, bis sie eine sirupartige Konsistenz hat. Beiseitestellen.
5. Wenn man die geschwärzten Paprikaschoten anfassen kann, die Haut abziehen und die Kerne entfernen, dabei die Flüssigkeit auffangen und zu dem reduzierten Paprikasaft gießen. Die gegrillten Schoten damit beträufeln.
6. Den Knoblauch in kochendem Salzwasser 1 Minute blanchieren, bis er zart ist, dann mit einem Schaumlöffel herausholen und beiseitestellen. Die Petersilie im selben Wasser 2 Minuten blanchieren.
7. Die Brotscheiben goldbraun grillen, dann mit den Knoblauchabschnitten einreiben und mit 2 EL Olivenöl beträufeln. In kleine Stücke reißen und beiseitestellen.
8. Die Fische auf der Fleischseite salzen, dann in einem Grillkorb mit der Hautseite nach unten 2 Minuten grillen, bis sie schön karamellisiert sind. In eine Schale legen.
9. Das restliche Olivenöl in einem kleinen Topf erwärmen und über die Sardinen gießen. Den Zitronensaft hinzufügen. Dann die gesamte Flüssigkeit zurück in den Topf gießen und bei schwacher Hitze aufschlagen, bis eine leichte Emulsion entsteht.
10. Die Paprikaschoten auf Servierteller verteilen, darauf die Sardinen betten, gefolgt von blanchierten Knoblauchscheiben und Petersilienblättern. Alles mit der warmen Emulsion beträufeln und mit den Brotstücken bestreuen.

Riesengarnelen

FÜR 4 PERSONEN

Wie gut kann eine Garnele sein? Bis zum heutigen Tag erinnere ich mich an meine erste im *Etxebarri*. Ich hatte zwei Wochen dort gearbeitet, bevor sich die Gelegenheit ergab, eine der Gambas zu probieren, die aus dem kleinen Fischerdorf Palamos an der spanischen Ostküste kamen. Wegen des hohen Festlandsockels werden die Garnelen dort mit Netzen aus Tiefen von über 100 Meter gefischt. Der plötzliche Druckunterschied, wenn sie an die Oberfläche gebracht werden, bewirkt ihren sofortigen Tod.

Sie sahen natürlich gut aus: groß, saftig und von einem hellen Rosa, aber ich war nicht besonders beeindruckt. Im Lauf der Jahre hatte ich schon so viele Garnelen gegessen, und jetzt lag eine gegrillte vor mir auf dem Teller mit etwas Meersalz. Doch als ich mir eine Garnele in den Mund steckte und ihren Kopf auslutschte, konnte ich nicht an mich halten. Ich schmeckte den feinen Rauch des Grillfeuers, die intensive natürliche Essenz der Garnele und das frische, salzige Aroma des Meeres. Das war so gut, dass mir die Tränen kamen.

1. Die Glut vorbereiten. Einen Grillrost etwa 15 cm darüber anbringen.
2. Die Garnelen vorbereiten: Mit der Spitze eines scharfen Messers einen Einschnitt an der Innenseite knapp über dem Schwanz machen und das untere Ende des Darmfadens freilegen. Das andere Ende zwischen Kopf und Körper lokalisieren und den dunklen Faden vorsichtig mit einer Pinzette oder der Spitze eines scharfen Messers herausziehen und wegwerfen.
3. Die Garnelen sparsam mit Traubenkernöl einsprühen und mit Meersalz würzen.
4. Die Garnelen 2–3 Minuten grillen. Die Schale wird sich von einem hellen Blaugrau in ein Orange-Rosa verwandeln.
5. Die Garnelen vorsichtig umdrehen, wieder mit Traubenkernöl einsprühen und salzen. Weitere 2–3 Minuten grillen. Die Schalen sollten vom Grill leicht geröstet sein, nicht verkohlt, und ein süßes Aroma ohne Andeutung von Ammoniak haben. Das Fleisch ist fest und undurchsichtig geworden. Die Garnelen sind gar, wenn die Flüssigkeit im Kopf leichte Blasen wirft.
6. Mit der Strandsode garnieren und sofort servieren.

KATEGORIE *herzhaft*

HOLZ
Orange

TEMPERATUR
mittlere Glut

AUSRÜSTUNG
Grillrost

ZUTATEN

8 Riesengarnelen aus Wildfang (siehe Anmerkung)

Traubenkernöl zum Besprühen

Meersalz

16 Zweige Strandsode (siehe Seite 246)

ANMERKUNG

Am besten sind frische Garnelen aus Wildfang. Falls man sie vorbereiten und später grillen will, kann man sie bis zu 36 Stunden in eisgekühlter 5 %-iger Salzlake (siehe Seite 240) aufbewahren.

Miesmuschel-Eclade

Fenchel-Safran-Rouille

FÜR 4 PERSONEN

Die Bezeichnung *éclade* leitet sich vermutlich von *aiguillade* ab (vom französischen *aiguille,* »Nadel«) und bezieht sich auf die getrockneten Kiefernnadeln, die für die Zubereitung dieses Gerichts benutzt werden. Kiefernnadeln brennen kurze Zeit intensiv – gerade lange genug, um die Muscheln zu garen und dabei mit einer rauchigen, harzigen Süße zu versehen.

Es ist wichtig, die Muscheln für dieses Gericht aufrecht auf einem Brett mit dem Scharnier nach oben anzuordnen. In die Mitte des Bretts schlägt man vier Nägel im Abstand von 2 cm ein (siehe Seite 140–141), das erleichtert den Anfang. Dann werden die Muscheln dicht an dicht auf das Brett gesetzt. Wenn das geschafft ist, kann es auch schon losgehen mit dem pyrotechnischen Spektakel.

Das ist Fingerfood vom Feinsten, serviert mit einer Fenchel-Safran-Rouille, in die man die Muscheln tunkt, sowie sie aus der Schale kommen.

1. Mit dem Anordnen der Miesmuscheln auf dem Brett in der Mitte beginnen und die Nägel als Stützen benutzen. Jede Muschel mit dem Scharnier nach oben stellen, damit keine Asche hineingerät.
2. Die Kiefernnadeln mindestens 20 cm dick auf die Muscheln häufeln.
3. Die Rouille zubereiten: Die Milch mit dem Safran in einem Topf zum Kochen bringen, dann vom Herd nehmen. Kartoffel und Knoblauch durch ein feines Sieb passieren und mit den Eigelben in den Mixer geben. Pürieren und das Olivenöl langsam in einem steten Strahl hinzufügen. Die warme Safranmilch untermixen, die Rouille abschmecken und durch ein feines Sieb passieren. Gehacktes Fenchelgrün sowie Zitronensaft und -schale hinzufügen und gut unterrühren.
4. Wenn man bereit zum Essen ist, die Kiefernnadeln anzünden und zurücktreten, weil sie schnell und mit heftiger Flamme abbrennen. Das Feuer wird bald von selbst ausgehen und eine leichte Ascheschicht auf den Muscheln zurücklassen.
5. Die Muscheln kurz abkühlen lassen, dann aus der Schale holen, in die Rouille tunken und genüßlich verspeisen.

KATEGORIE *herzhaft*

HOLZ
getrocknete Kiefernnadeln

TEMPERATUR
intensive Glut

AUSRÜSTUNG
Holzbrett, 4 Nägel

ZUTATEN

2 kg Miesmuscheln, geputzt (siehe Anmerkung)

Für die Fenchel-Safran-Rouille

100 ml Milch

1 g Safranfäden

60 g gekochte Kartoffel

1 Knoblauchzehe, fein gehackt

2 Eigelb

100 ml fruchtig-mildes natives Olivenöl extra

Meersalz

½ Bund Fenchelgrün, fein gehackt

abgeriebene Schale und Saft von ½ unbehandelten Zitrone

ANMERKUNG

Zur Vorbereitung der Miesmuscheln alle aussortieren, die auf irgendeine Weise beschädigt sind. Bei den geöffneten gegen die Schalen klopfen, und alle, die sich nicht schließen, ebenfalls aussortieren.

Falls nötig den Bart (oder Byssus) entfernen, mit dem die Muscheln am Untergrund befestigt waren. Die Muscheln 30 Minuten in Salzwasser legen, um Sand auszuspülen. Herausnehmen und vor der Zubereitung mit Süßwasser abspülen.

Blaue Schwimmkrabbe

Roggenbrot, Limetten-Crème-fraîche

FÜR 4 PERSONEN

Von allen Krustentieren schätze ich letzten Endes Krebse am meisten, weil es größere Mühe und eine gewisse Entschlossenheit erfordert, das köstliche Fleisch aus der Schale zu befreien. Heutzutage essen die meisten Menschen zu schnell – wir verbringen mehr Zeit in der Küche als am Tisch. Beim Krebs ist es genau umgekehrt. Ganz schnell und einfach zubereitet, gibt er uns Gelegenheit, mehr Zeit auf den Genuss der Nahrungsaufnahme zu verwenden. Mit ihrem prägnanten Geschmack und ihrer festen Konsistenz sind Blaue Schwimmkrabben eine Köstlichkeit und brauchen wenig mehr Beilagen als etwas dunkles Roggenbrot, ein bisschen Crème fraîche und eine gute Flasche Wein.

1. Die Glut vorbereiten und einen Grillrost etwa 20 cm darüber anbringen.
2. Die Krabben mit dem Rückenschild nach unten direkt auf den Grill legen und mit einer Metallschale oder einem Backblech abdecken. Nach 8 Minuten die Krabben umdrehen, großzügig mit Öl besprühen und weitere 3 Minuten grillen. Sie sind fertig, wenn zwischen der vorderen Schere und dem Körpergelenk Blasen sichtbar werden. Vom Grill nehmen und abkühlen lassen.
3. Die Krabben auf einem sauberen Teller auf den Rücken legen. Mit beiden Daumen sanften Druck rechts und links ausüben und die Schale aufbrechen. Die grauen Kiemen herausziehen und wegwerfen. Den Krebs mit einem schweren, scharfen Messer halbieren. Den Körper in kleinere Stücke zerteilen und das leckere weiße Fleisch herausholen.
4. Die Crème fraîche in einer Schüssel mit dem Dill sowie Limettenschale und -saft verrühren. Mit Meersalz und Pfeffer würzen.
5. Die Brotscheiben mit Crème fraîche bestreichen, das Krebsfleisch darauf verteilen und mit Limettensaft beträufeln. Mit Dillspitzen garniert servieren.

KATEGORIE *herzhaft*

HOLZ
Apfel

TEMPERATUR
mittlere bis intensive Glut

AUSRÜSTUNG
Grillrost, große Metallschüssel oder Backblech

ZUTATEN

4 Blaue Schwimmkrabben à 500 g (oder kleine Taschenkrebse), die ungefähr 100 g Krebsfleisch pro Krebs ergeben (siehe Anmerkung)

Traubenkernöl zum Besprühen

400 g Crème fraîche

1 EL gehackter Dill, zzgl. Dillspitzen zum Garnieren

abgeriebene Schale und Saft von 1 unbehandelten Limette, zzgl. etwas gepresster Saft

Meersalz und schwarzer Pfeffer

8 Scheiben dunkles Brot (siehe Seite 235) oder gutes Roggenbrot

ANMERKUNGEN

Beim Kauf sollten sich die Krebse schwer für ihre Größe anfühlen, und ihre Beine und Scheren sollten intakt sein.

In Deutschland verlangt die Tierschutz-Schlachtverordnung, dass Krustentiere in reichlich kochendem Wasser getötet werden. Sie sollten dabei in Rückenlage mit dem Kopf voran in das kochende Wasser gegeben werden.

Kaviar

FÜR 4 PERSONEN

»Kaviar?«, höre ich Sie aufschreien. »Wie kann man ein derart edles Produkt einem primitiven Grill aussetzen?« Es mag verrückt klingen, aber an Kaviar lässt sich das unerschöpfliche Potenzial des offenen Feuers vielleicht besser demonstrieren als an irgendeiner anderen Zutat. Zum ersten Mal habe ich Kaviar im *Etxebarri* gegrillt, und es war eine meiner größten Herausforderungen während meiner Zeit dort. Es dauerte fast ein Jahr, bis wir mit dem Ergebnis zufrieden waren (auf Seite 17 steht die ganze Geschichte). Obwohl wir versuchten, ihn mit verschiedenen Beilagen – von gegrillter Krabbenblutwurst bis zu Ceviche-Marinade (*leche de tigre*) – zu servieren, kamen wir schließlich zu der Überzeugung, dass er am schönsten und deutlichsten für sich allein spricht.

1. Die Glut vorbereiten.
2. Den Kaviar vorsichtig in ein feines Sieb legen, sodass er eine etwa 1 cm dicke Schicht bildet.
3. Den Seetang auf die brennende Glut legen – er wird Dampf und Rauch verströmen.
4. Das Sieb mit dem Kaviar 30 cm über der Glut platzieren und mit einem Glasdeckel abdecken.
5. Den Kaviar 3–4 Minuten grillen und dabei auf Bluttemperatur erwärmen: Man wird feststellen, wie das Fett die einzelnen Eier voneinander trennt und die Eier zu glänzen beginnen.
6. Auf vier Löffel verteilen und sofort servieren. Man isst den ganzen Kaviar auf einmal.

KATEGORIE *herzhaft*

HOLZ
Apfel

TEMPERATUR
schwache Glut

AUSRÜSTUNG
Glasdeckel

ZUTATEN

60 g Beluga Imperial 000 Malossol (siehe Anmerkung)

1 große Handvoll frischer Seetang

ANMERKUNG

Unpasteurisierter Kaviar schmeckt am besten, ist aber eine empfindliche Delikatesse, die rasch verderben kann. Er sollte so bald wie möglich verzehrt und bis dahin im kühlsten Teil des Kühlschranks aufbewahrt werden.

Otoro

Fenchel, Edamame

FÜR 4 PERSONEN

Otoro ist der wertvollste Teil des Thunfischs, er stammt vom vorderen Teil des Bauchs und weist den höchsten Fettgehalt auf. Sein Reichtum an Omega-3-Fettsäuren prädestiniert ihn zum Grillen. Idealerweise wird er warm und fast roh serviert, damit er auf der Zunge zergeht. Die leichte Süße des knackigen Fenchels kontrastiert hier sehr schön mit dem weichen, reichhaltigen Otoro. Die frische Säure der gegrillten Fingerlimette bringt alles ins Lot.

KATEGORIE *herzhaft*

HOLZ
Apfel

TEMPERATUR
schwache Glut

AUSRÜSTUNG
Grillkorb

ZUTATEN

1 Fenchelknolle

200 g Edamame (grüne Sojabohnen in der Schote)

600 g Thunfischbauch

Meersalz

4 Fingerlimetten

50 ml fruchtig-mildes natives Olivenöl extra

abgeriebene Schale und Saft von ½ unbehandelten Limette

1. Die Glut vorbereiten.
2. Die harten äußeren Schichten des Fenchels abziehen, den Rest mit einem Gemüsehobel in dünne Scheiben schneiden. Das Fenchelgrün aufheben.
3. Die Edamame 2–3 Minuten grillen, bis sie leicht verkohlt sind. Vom Grill nehmen, abkühlen lassen und dann die Bohnen aus den Hülsen drücken.
4. Den Thunfischbauch leicht salzen, in einen Grillkorb legen und 3 Minuten auf jeder Seite grillen. In eine Schale legen.
5. Die Fingerlimetten 1 Minute grillen, bis ihre ätherischen Öle freigesetzt werden. Längs aufschneiden und das Fruchtfleisch behutsam mit Zeigefinger und Daumen herauspressen.
6. Die Fenchelscheiben in einer Schüssel mit Olivenöl, Schale und Saft der Limette vermischen. Mit Salz und Pfeffer würzen.
7. Den Thunfischbauch mit einem scharfen Messer quer zur Maserung in Scheiben schneiden. Fenchelsalat und Thunfischscheiben auf Serviertellern anrichten. Fenchelgrün und Edamame dazwischen verteilen. Das Fruchtfleisch der Fingerlimette dazugeben und sofort servieren.

Makrele

Bagnetto verde, Wassermelonen-Rettich

FÜR 4 PERSONEN

Die Makrele, ein wundervoller Fisch, wird oft verschmäht, dabei ist sie durch ihren hohen Fettgehalt perfekt für den Grill geeignet, wo die Haut über der trockenen, intensiven Glut sehr schön karamellisiert. Hier grillen wir sie über Heu, das Kumarin enthält, einen wohlriechenden Pflanzenstoff, dessen Vanillegeschmack einen schönen Kontrast setzt. Die kräftige Pfeffrigkeit des Bagnetto verde (eine italienische grüne Sauce), die Säure des Essigs und die frische Schärfe des Meerrettichs liefern eine simple, aber effektvolle Begleitung.

1. Die Glut vorbereiten.
2. Die Fische schuppen und ausnehmen. Kurz abspülen und gut abtrocknen.
3. Die Makrele mit einem scharfen Messer filetieren. Die Filets mit der Hautseite nach unten auf die Arbeitsfläche legen und die Gräten in der Mitte des Filets ausfindig machen. Mit einem scharfen Messer auf beiden Seiten der Gräten einen V-förmigen Einschnitt machen. Den V-förmigen Fleischstreifen mit den Stehgräten sorgfältig herausheben und wegwerfen. (Siehe auch Anmerkung.)
4. Den Bagnetto verde zubereiten: Petersilie und Rucola in Eiswasser waschen, damit sie schön knackig sind, dann abtropfen lassen. Das Brot 20 Minuten in 100 ml Wasser einweichen, dann überschüssiges Wasser ausdrücken. Das Brot mit Petersilie, Rucola, Olivenöl und Essig im Mixer pürieren, bis eine glatte Creme entstanden ist. Kapern und Sardellen hinzufügen und mit hoher Geschwindigkeit weiterpürieren. Abschmecken und bis zum Gebrauch im Kühlschrank aufheben.
5. Den Wassermelonen-Rettich mit einem Gemüsehobel in dünne Scheiben schneiden, mit Meersalz würzen. Dann in eine Schüssel füllen, mit dem Essig übergießen und 20 Minuten stehen lassen.
6. Die Makrelenfilets in einen Grillkorb legen, salzen und mit der Hautseite nach unten auf intensiver Glut grillen, bis die Haut Blasen wirft und knusprig wird.
7. Den Grillkorb von der Glut nehmen und das feuchte Heu auf die Glut werfen.
8. Die Makrelenfilets mit der Hautseite nach oben 30 Sekunden direkt über das rauchende Heu halten. Den Fisch mit Meersalz würzen und in eine Schale legen.
9. Das Olivenöl in einem kleinen Topf erwärmen. Die Makrelenfilets damit übergießen, dann mit dem Essig vom eingelegten Rettich beträufeln. Anschließend die gesamte Flüssigkeit wieder in den Topf gießen und bei schwacher Hitze mit dem Schneebesen aufschlagen, bis eine leichte Emulsion entsteht.
10. Die Makrelenfilets zusammen mit dem Bagnetto und Scheiben des eingelegten Wassermelonen-Rettichs anrichten. Mit geriebenem Meerrettich bestreut servieren.

KATEGORIE *herzhaft*

HOLZ
Olive, 1 Handvoll Heu, 20 Minuten in Wasser eingeweicht und abgetropft

TEMPERATUR
intensive Glut

AUSRÜSTUNG
Grillkorb

ZUTATEN

2 Makrelen (siehe Anmerkung)

2 Wassermelonen-Rettiche

Meersalz

40 ml Cavaessig

100 ml kräftig-pikantes natives Olivenöl extra

10 g frischer Meerrettich, gerieben

Für den Bagnetto verde

60 g glattblättrige Petersilie, Blätter abgezupft

60 g Rucola

1 Scheibe frisches Brot, Kruste entfernt

150 ml fruchtig-mildes natives Olivenöl extra

1 EL Rotweinessig

1 EL Kapern

2 Sardellenfilets in Öl

Meersalz

ANMERKUNG

Wer es sich leichter machen will, kann Makrelenfilets kaufen.

Abalone

schwarze Bohnen, Strandkräuter

FÜR 4 PERSONEN

Die zu den Schnecken gehörenden Abalonen oder Seeohren haben ein Gehäuse und einen kräftigen Fuß, mit dem sie sich in Küstennähe fest an Felsen heften. Strikte Beschränkungen des Fangs, der zudem schwierig und gefährlich ist, haben einen hohen Preis zur Folge. In Neuseeland heißen sie *paua* und bilden einen wichtigen Bestandteil der Maori-Kultur. Meine erste Abalone habe ich auf Neuseeland gegessen, wo sie in einem riesigen Erdofen (*hāngi*) gegart worden war. Ich erinnere mich an einen rauchigen, köstlichen Geschmack – Essen, das für die Seele genauso gut war wie für den Bauch. In Europa war ich ihr nie begegnet, obwohl sie auch dort heimisch ist – in Frankreich zum Beispiel kennt man sie als *ormeaux*. In diesem Gericht habe ich ihre feste, aber geschmeidige Konsistenz und ihre fast buttrige Fülle mit dem intensiven, salzig-pikanten Umami von schwarzen Bohnen kombiniert.

1. Die Glut vorbereiten.
2. Die Schwarze-Bohnen-Sauce vorbereiten: Die Bohnen 1 Stunde in Wasser einweichen. Abgießen, abspülen und beiseitestellen.
3. Das Öl in einem kleinen Topf bei mittlerer Temperatur erhitzen. Knoblauch, Ingwer und Chilischote hinzufügen und 2 Minuten anbraten, bis alles weich ist und duftet. Frühlingszwiebel und abgetropfte Bohnen hinzufügen, 1 weitere Minute braten, dann die restlichen Zutaten hinzufügen. Zum Kochen bringen. Die Temperatur reduzieren und die Bohnen unbedeckt 10–12 Minuten köcheln lassen, bis die Flüssigkeit auf die Hälfte reduziert ist.
4. Die Abalonen zubereiten: Jede mit einem großen Löffel aus ihrem Gehäuse holen, indem man ihn am Rand hineinschiebt und den Fuß vom Gehäuse ablöst. Den Darm mit einem scharfen Messer von der Unterseite entfernen. Den kleinen Knorpel abschneiden, mit dem der Muskel an der Schale anhaftet. Auf beiden Seiten des Fußes den Mantel entfernen und eine dünne Schicht an der Unterseite des Fußes abschneiden, wo er am Felsen festsaß. Den ganzen dunklen äußeren Mantel abschneiden und allen braunen Belag abkratzen. Übrig bleibt nur das weiße Fleisch. Auch die Abaloneschalen sorgfältig säubern und abtropfen lassen.
5. Die Abalonen in ein sauberes Tuch einschlagen und mit einem Fleischklopfer oder einem Topf mit schwerem Boden weich klopfen. Mindestens 10 Minuten ruhen lassen.
6. Ein Grillgitter direkt auf die Glut legen.
7. Die Abalonen ein zweites Mal klopfen und dann direkt auf das Grillgitter legen. 2–3 Minuten auf jeder Seite grillen, dabei beide Seiten salzen. Vom Grill nehmen, jede Abalone mit der Schwarze-Bohnen-Sauce bestreichen und 1 Minute ruhen lassen. In dünne Scheiben schneiden.
8. In der Zwischenzeit die Kräuter 1 Minute in einem feinen Sieb auf der Glut grillen.
9. Die aufgeschnittenen Abalonen wieder in ihre Gehäuse zurücklegen und die restliche Bohnensauce darüberlöffeln. Alles mit den gegrillten Strandkräutern garnieren und sofort servieren.

KATEGORIE *herzhaft*

HOLZ
Apfel

TEMPERATUR
intensive Glut

AUSRÜSTUNG
Grillgitter

ZUTATEN

4 Abalonen (siehe Anmerkungen)

Meersalz

Strandkräuter wie Strandbanane, Strandsode und Neuseeländer Spinat

Für die Schwarze-Bohnen-Sauce

50 g fermentierte schwarze Bohnen (Asia-Shop)

1 EL Sesamöl

1 EL fein geschnittener Knoblauch

1 EL fein geschnittener Ingwer

½ rote Chilischote, entkernt und fein gehackt

1 Frühlingszwiebel, fein gehackt

60 ml Hühnerfond

2 TL Reiswein

1 EL Sojasauce

1 TL Zucker

½ TL Reisessig

1 EL geröstete schwarze Sesamkörner

ANMERKUNGEN

In Europa dauert die Saison für Abalonen von Oktober bis April.

In einem gut belüfteten, mit einem schweren, feuchten Tuch bedeckten Behälter kann man sie an einem kühlen Ort (6–16 °C) bis zu 3Tage aufbewahren.

Flathead

Grünkohl, Radieschen

FÜR 4 PERSONEN

Dieser Fisch hat in Australien Kultstatus. Sein festes weißes Fleisch hat ihm zu großer Beliebtheit verholfen, vor allem in Fish-und-Chips-Läden. Allerdings wird ihm diese Art der Zubereitung – als Filet – trotz der schützenden Teighülle nicht gerecht. Wenn man den Fisch im Ganzen grillt, strahlt die Hitze über die Skelettstruktur durch den ganzen Körper und setzt die Gelatine entlang des Rückgrats frei, wodurch das Fleisch besonders zart und saftig wird. Und wer keinen Flathead bekommt, versucht das vielleicht mit einem schönen Stück Seeteufel.

KATEGORIE *herzhaft*

HOLZ
Apfel

TEMPERATUR
mittlere bis intensive Glut

AUSRÜSTUNG
Grillkorb, Grillgitter

ZUTATEN

1 Flathead von 800 g–1 kg (oder Seeteufel)

Meersalz

1 Bund Grünkohl, Blätter abgestreift und gewaschen

150 ml natives Olivenöl extra, zzgl. etwas zum Besprühen

4 Radieschen

40 ml Cavaessig

1 Handvoll glattblättrige Petersilie

1. Die Glut vorbereiten.
2. Den Fisch schuppen, ausnehmen und die Kiemen entfernen. Rasch abspülen und gut abtrocknen.
3. Die Rücken- und Afterflosse mit einer scharfen Schere entfernen, Brust- und Bauchflossen am Fisch belassen.
4. Die Bauchhöhle gut salzen und den Fisch in einem Grillkorb etwa 15 cm über der gleichmäßig verteilten Glut 12–15 Minuten grillen, dabei nach der Hälfte der Zeit umdrehen. Die Augen sollten ein bisschen hervortreten, zum Zeichen, dass der Fisch so gut wie gar ist.
5. Den Fisch in eine Schale legen, an einen warmen Ort stellen und nachgaren lassen. Das stumpfe Ende eines Löffels sollte sich leicht ins Rückgrat schieben lassen.
6. In der Zwischenzeit ein Grillgitter etwa 5 cm über der Glut anbringen. Den Grünkohl leicht mit Olivenöl besprühen und 2 Minuten grillen, bis er knusprig und leicht angekohlt ist. In eine Schale füllen, salzen und die Radieschen darüberhobeln (sie werden in der Wärme weich).
7. Das restliche Olivenöl in einem kleinen Topf erwärmen und über den Fisch gießen. Den Essig dazugeben. Die gesamte Flüssigkeit wieder in den Topf gießen und bei schwacher Hitze mit dem Schneebesen aufschlagen, bis sich eine leichte Emulsion bildet. Die Petersilie unterziehen.
8. Den gegrillten Grünkohl mit den Radieschen auf einer Servierplatte anrichten. Den Fisch darauflegen, mit der Emulsion beträufeln und sofort servieren.

Petersfisch

Spitzkohl, Eiskraut

FÜR 4 PERSONEN

Der Petersfisch hat eine wunderbar feste Konsistenz und einen unglaublich süßen und reichhaltigen Geschmack; seine Filets sind nicht sehr dick, deshalb gart man am besten auf der Gräte.

Dieser Fisch verdankt seinen Namen der Legende, dass der Apostel Petrus einmal Fischern gezeigt habe, wie man diesen stachligen Burschen anfasst, ohne sich an der scharfen Rückenflosse zu verletzen – die charakteristischen schwarzen Flecken auf beiden Flanken sind die Fingerabdrücke des Heiligen. Der Fisch nutzt sie, um Räuber abzuschrecken, wenn sie sich ihm nähern. Und dass bedeutet für uns, dass mehr Petersfische übrig bleiben.

In Spanien gab es angebratenen Spitzkohl mit Knoblauch und Chilischoten sowohl als Beilage zu Fisch wie auch als Hauptgericht. Ich habe versucht, den Geschmack auf dem Grill nachzuempfinden, wobei der Spitzkohl eine erstaunliche Süße gewinnt, die gut zum Petersfisch passt.

KATEGORIE *herzhaft*

HOLZ
Apfel

TEMPERATUR
intensive Glut

AUSRÜSTUNG
Grillkorb

ZUTATEN

1 Petersfisch von etwa 2 kg

Meersalz

1 kleiner Spitzkohl, in feine Streifen geschnitten

1 Stange Lauch, nur der weiße Teil, in 5 mm große Würfel geschnitten

abgeriebene Schale und Saft von ½ unbehandelten Zitrone

200 ml kräftig-pikantes natives Olivenöl extra, zzgl. etwas zum Beträufeln

½ Bund Kerbel, Blätter abgezupft und fein gehackt

50 ml Cavaessig

Eiskraut zum Servieren

1. Die Glut vorbereiten.
2. Den Fisch schuppen, ausnehmen, Kopf und Kiemen entfernen. Rasch abspülen und gut abtrocknen.
3. Die Bauchhöhle des Fischs mit Meersalz würzen, dann den Fisch in einen Grillkorb legen. Etwa 10 cm über der gleichmäßig verteilten Glut 8–10 Minuten grillen.
4. Den Grillkorb umdrehen und den Fisch auf der anderen Seite weitere 8–10 Minuten grillen, bis er schön karamellisiert ist.
5. Den Fisch in eine Schale legen, gut mit Meersalz würzen und 5 Minuten ruhen lassen.
6. In der Zwischenzeit Kohl und Lauch in einer Schüssel vermischen. In einem feinen Sieb grillen, bis sie leicht verkohlt und soeben gar sind. Salzen und mit Zitronenschale und -saft, ein paar Tropfen Olivenöl sowie dem Kerbel durchheben.
7. Das Olivenöl in einem kleinen Topf erwärmen und über den Fisch gießen. Den Essig in den Topf geben, dann die gesamte Flüssigkeit von dem Fisch dazugießen. Die Flüssigkeit bei schwacher Hitze mit dem Schneebesen aufschlagen, bis eine leichte Emulsion entsteht.
8. Das Gemüse auf einer Servierplatte verteilen und den Fisch darauf anrichten. Mit der Emulsion übergießen, mit dem Eiskraut garnieren und sofort an den Tisch bringen.

Krake

Radicchio, Macadamia

FÜR 4 PERSONEN

Krake zu grillen kann eine Herausforderung sein, weil seine acht Arme aus Muskeln bestehen, die ziemlich fest und gummiartig sind. Wie seinen Vetter, den Kalmar, gart man ihn am besten sehr schnell oder sehr langsam, und er sollte vor der Zubereitung weich geklopft werden – in Griechenland schlägt man Tintenfische angeblich traditionsgemäß vierzig Mal auf einen Stein.

Im Restaurant nehmen wir einen mittelgroßen Kraken, der in den stürmischen Gewässern der Bass-Straße gefangen wurde. In der intensiven Hitze der Glut gart er im Handumdrehen und behält seine Zartheit. Das Feuer verleiht ihm einen leichten Rauchgeschmack, dazu kommen bittersüßer Radicchio, Guanciale und Macadamianüsse, die fein gehobelt wie Parmesan aussehen.

1. Die Glut vorbereiten und ein Grillgitter direkt daraufstellen.
2. Den Kraken vorbereiten: Die Fangarme vom Körper abtrennen, unter fließendem Wasser abspülen und trocken tupfen.
3. Den Radicchio mit der Hälfte des Öls und des Essigs schwenken und 2 Minuten auf jeder Seite über der Glut grillen.
4. Den Tintenfisch 2 Minuten auf jeder Seite über der Glut grillen, einmal wenden. Mit Meersalz würzen und vom Feuer nehmen.
5. Radicchio und Tintenfisch mit dem restlichen Öl und Essig sowie der Orangenschale mischen.
6. Die Guanciale-Scheiben auf einer Metallplatte verteilen und etwa 20 cm über der Glut behutsam erwärmen, bis sie durchsichtig sind.
7. Die Fangarme in vier Stücke schneiden und mit den Radicchio-Blättern auf Servierteller verteilen, das Dressing aufbewahren.
8. Die Guanciale-Streifen darüberlegen. Alles mit dem Dressing beträufeln und mit gehobelten Macadamias und Agretti-Zweiglein bestreuen.

KATEGORIE *herzhaft*

HOLZ
Kirsche

TEMPERATUR
intensive Glut

AUSRÜSTUNG
Grillgitter

ZUTATEN

1 mittelgroßer Krake, weich geklopft (siehe Anmerkungen)

1 Kopf Radicchio Treviso, geviertelt (siehe Anmerkungen)

60 ml natives Olivenöl extra

20 ml gereifter Rotweinessig

Meersalz

abgeriebene Schale von ½ unbehandelten Orange

12 hauchdünne Scheiben Guanciale (luftgetrocknete Schweinebacke)

100 g Macadamianüsse, fein gehobelt

12 Agretti-Zweiglein

ANMERKUNGEN

Die Fangarme in die Hand nehmen, um ihre Weichheit zu prüfen – sie sollten sich schlaff anfühlen, nicht gummiartig.

Radicchio Treviso ist weniger bitter als normaler Radicchio. Falls man nur diesen bekommt, am besten mit einem süßeren Essig wie Pedro Ximenez gegensteuern.

Schnapper in der Salzkruste

Kartoffeln

FÜR 4 PERSONEN

In einer Salzkruste ist das Grillgut vor der extremen Hitze des Feuers gut geschützt. Ich habe diese Methode zum ersten Mal in einem Restaurant in Spanien erlebt, wo das Hauptgericht einen ziemlich dramatischen Auftritt hatte: Der Fisch wurde im Ganzen serviert und die Kruste erst am Tisch aufgebrochen. Darin lag ein wunderschöner Zackenbarsch, gefangen in dem hart gewordenen Salz, das den perfekten Backofen abgegeben hatte. Das Fleisch des Fisches war prächtig und feucht und trotz der unglaublichen Menge Salz perfekt gewürzt. Die Isolierung durch die Kruste ermöglicht es dem Fisch, seinen ganzen Geschmack und all seinen Saft zu bewahren, während er von dem Holzfeuer sanft geräuchert wird. Die Kartoffeln werden um den Fisch herum platziert, und ihre Entdeckung ist ein Vergnügen – als wäre im Salz ein Schatz versteckt. Unter der verschrumpelten salzigen Schale der Kartoffeln verbirgt sich ihr weiches Fleisch, und wenn man sie in Salsa verde (siehe Seite 244) tunkt, schmecken sie einfach köstlich.

1. Die Glut vorbereiten. 100 g Asche entnehmen und völlig abkühlen lassen.
2. Den Fisch schuppen, ausnehmen und die Kiemen entfernen. Rasch abspülen und gut abtrocknen.
3. Die Salzkruste vorbereiten: Das Salz mit den Eiweißen, der abgekühlten Asche, Fenchelsamen, Fenchelblüten, Orangenschale und 150 ml Wasser vermischen, bis die Konsistenz von feuchtem Sand erreicht ist.
4. Auf einem Backblech aus der Hälfte der Salzmischung ein Bett für den Fisch ausbreiten, das etwa 1 cm dick ist.
5. Orangenscheiben, Lorbeerblätter und Fenchelgrün in die Bauchhöhle des Schnappers stopfen und den Fisch auf das Salzbett legen. Die Kartoffeln um den Fisch herum ins Salz drücken und alles mit dem Rest der Salzmischung bedecken, sodass Fisch und Kartoffeln gut geschützt sind.
6. Auf die Glut legen und die Salzkruste vollständig mit Glut bedecken.
7. Den Fisch 20–25 Minuten backen, bis die Kruste hart geworden ist.
8. Vom Feuer nehmen und 10 Minuten ruhen lassen.
9. An den Tisch bringen und die Kruste aufschlagen. Die Kruste vorsichtig abheben – sie sollte sich in einem großen Stück lösen. Die Haut abziehen, die sich noch auf dem Fisch befindet, und das saftige Fleisch freilegen, das sich leicht von den Gräten lösen lassen sollte. Mit dem Olivenöl und Zitronenspalten servieren.

KATEGORIE *herzhaft*

HOLZ
Orange/Zitrus

TEMPERATUR
mittlere Glut

AUSRÜSTUNG
Backblech

ZUTATEN

1 Schnapper von 2 kg

2 Lorbeerblätter

½ Bund Fenchelgrün

400 g kleine Kartoffeln (am besten verschiedene Sorten), gründlich gesäubert

100 ml fruchtig-mildes natives Olivenöl extra

1 Zitrone, in Spalten geschnitten

Für die Salzkruste

3 kg grobes Salz

6 Eiweiß, leicht geschlagen

100 g Asche vom Feuer

1 EL Fenchelsamen

1 Dolde Fenchelblüten

2 unbehandelte Orangen, Schale abgerieben, der Rest in Scheiben geschnitten

ALTERNATIVE METHODE

Der Fisch in der Salzkruste kann auch in einem Holzofen oder einem Infiernillo (siehe Seite 56) gebacken werden.

Murray Cod

Topinambur, roter Mangold

FÜR 4 PERSONEN

Anders als der Name vermuten lässt, handelt es sich hier nicht um Kabeljau, sondern um Australiens größten Süßwasserfisch. Er hat eine herrlich saftige Konsistenz mit einer Schicht von süßem, sahnigem Fett. Im Restaurant versuchen wir, so viel wie möglich von ihm zu verwenden – einige der köstlichsten Happen verbergen sich in den Flossen und den Backen. Die gegrillte Haut ist knusprig und glasartig, wie Bratenkruste, während das Fleisch feucht und saftig bleibt. Topinambur mit ihrem sauberen und erdigen Charakter ist als Begleitung für diesen Fisch wie geschaffen. Nach diesem Rezept lassen sich natürlich auch andere Süßwasserfische zubereiten.

KATEGORIE *herzhaft*

HOLZ
Apfel

TEMPERATUR
mittlere bis intensive Glut

AUSRÜSTUNG
Grillkorb

ZUTATEN

1 Murray Cod von ungefähr 1,6 kg (oder ein anderer Süßwasserfisch, etwa Zander)

1 Bund roter Mangold

400 g Topinambur, abgebürstet und halbiert

Meersalz

150 ml natives Olivenöl extra, zzgl. etwas zum Besprühen

40 ml Apfelessig

Für die süße Marinade

50 ml Apfelessig

50 g Zucker

1. Die Glut vorbereiten.
2. Den Fisch sorgfältig schuppen, ausnehmen und die Kiemen entfernen. Rasch abspülen und gut abtrocknen.
3. Den Fisch aufklappen. Mit einem scharfen Messer entlang der Rückenflosse einmal Richtung Kopf, dann Richtung Schwanz schneiden. Dieser Linie folgend, das Messer waagerecht zwischen Gräten und Filets schieben. Den Fisch umdrehen und das Ganze auf der anderen Seite wiederholen.
4. Das Rückgrat mit einer Schere hinter dem Kopf und vor dem Schwanz durchtrennen, sodass man es entfernen kann, während Kopf und Schwanz bleiben, wo sie sind, und den Fisch beim Grillen zusammenhalten.
5. Den Bauch säubern. Verbliebene Gräten mit den Fingerspitzen ertasten und vorsichtig mit einer Pinzette entfernen.
6. Den Mangold waschen. Die Stiele abschneiden, putzen und würfeln. Die Blätter beiseitelegen. Für die süße Marinade Essig und Zucker mit 50 ml Wasser in einem Topf zum Kochen bringen. Die Mangoldstiele hinzufügen. Vom Herd nehmen und mindestens 20 Minuten ziehen lassen.
7. Die halbierten Topinamburknollen in einem Grillkorb 15–10 Minuten rösten, dabei immer wieder drehen, bis sie weich sind.
8. Die Innenseite des Fischs gut salzen. Den Fisch in einen Grillkorb legen. 15 cm über der gleichmäßig verteilten Glut insgesamt 12 Minuten grillen, 4 Minuten vor Ende der Garzeit wenden. Die Augen sollten ein bisschen hervortreten. Den Fisch auf eine Platte legen, gut mit Meersalz würzen und an einem warmen Ort ruhen lassen.
9. In der Zwischenzeit die Mangoldblätter leicht mit Olivenöl einsprühen und 2 Minuten grillen, bis sie leicht knusprig und verkohlt sind. Salzen. Die Mangoldstiele abgießen und mit den Blättern vermischen.
10. Das Olivenöl in einem kleinen Topf erwärmen und über den Fisch gießen. Den Fisch mit dem Essig beträufeln. Die gesamte Flüssigkeit wieder in den Topf gießen und bei schwacher Hitze mit dem Schneebesen aufschlagen, bis eine Emulsion entsteht.
11. Den gegrillten Mangold mit dem Fisch auf einer Servierplatte anrichten, mit der Emulsion beträufeln und sofort mit dem gerösteten Topinambur servieren.

Steinbutt

FÜR 4 PERSONEN

Anton Tschechow hat einmal geschrieben: »Ich stopfte mich voll mit Brot, um nicht von Steinbutt zu träumen«, aber ich könnte noch so viel Brot essen, ohne mein Verlangen nach diesem Fisch zu stillen. Er ist einfach unerreicht in seiner Konsistenz und seinem Geschmack. An der Atlantikküste gehört Steinbutt zu den am meisten geschätzten Fischen, und während meiner Zeit im Baskenland haben wir manchmal große Exemplare zubereitet, die bis zu 7 Kilo wogen. Um diesem Fisch wirklich gerecht zu werden, muss man ihn im Ganzen garen, am besten über einem Holzfeuer. Und ich beschwöre Sie, jedes einzelne Stück von ihm zu genießen, von den saftigen Bäckchen bis hin zum fetten Ansatz der Flossen. Ich träume jedenfalls noch immer davon.

KATEGORIE *herzhaft*

HOLZ
Apfel

TEMPERATUR
mittlere bis intensive Glut

AUSRÜSTUNG
Grillkorb

ZUTATEN

1 Steinbutt von 2–3 kg

Meersalz

50 ml trockener Weißwein

200 ml fruchtig-mildes natives Olivenöl extra

Saft von 1 Zitrone

½ Bund Kerbel, Blätter abgezupft und fein gehackt

1. Die Glut vorbereiten.
2. Den Fisch schuppen und ausnehmen, dann die Kiemen entfernen. Rasch abspülen und gut mit Küchenpapier abtrocknen.
3. Die Bauchhöhle salzen. Den Fisch in einem Grillkorb 15 cm über der gleichmäßig verteilten Glut 8–10 Minuten auf jeder Seite grillen, bis er schön karamellisiert ist. Die Augen sollten beginnen hervorzutreten.
4. Den Steinbutt auf eine Platte legen und 5 Minuten ruhen lassen.
5. Den Wein in einem kleinen Topf zum Kochen bringen und 1 Minute kochen. Beiseitestellen.
6. Den Fisch an der Seitenlinie (die Naht, die durch die Mitte des Fischs verläuft) mit einer Schere vom Schwanz bis zum Kopf aufschneiden. Das Fleisch mit einem Pfannenheber vom Rückgrat wegschieben, um die Filets abzulösen und den Fisch zu öffnen. Das Rückgrat am Kopf- und Schwanzende durchtrennen entlangschneiden und herausnehmen. Den Fisch salzen.
7. Das Olivenöl in einem kleinen Topf erwärmen und über den Fisch gießen. Den Fisch mit Zitronensaft und dem aufgekochten Weißwein beträufeln. Die gesamte Flüssigkeit wieder in den Topf gießen. Bei schwacher Hitze mit dem Schneebesen aufschlagen, bis eine Emulsion entsteht.
8. Den Steinbutt wieder zuklappen, mit der Emulsion beträufeln, mit Kerbel bestreuen und sofort servieren.

Aal

FÜR 4 PERSONEN

Aale haben mich schon immer fasziniert, nicht nur vom Standpunkt des Genießers. Zwar haben alle Zutaten ihre eigene Geschichte, aber die des Aals ist ein Epos und umspannt einen Lebenszyklus von 20 Jahren, der in der Sargassosee (im westlichen Atlantik) beginnt. Was folgt, macht den Aal zum rätselhaftesten Fisch der Welt. Die Larven schwimmen von ihrem Laichgebiet in der Sargassosee Richtung Europa, eine Reise von 6000 Kilometern mit dem Golfstrom, die bis zu drei Jahren dauern kann. In Europa kommen sie im Winter an, wegen ihrer durchsichtigen Körper werden sie als »Glasaale« bezeichnet. Sie schwimmen stromaufwärts, um in ihren Heimatgewässern zur vollen Größe heranzuwachsen. Zehn Jahre später kehren die Aale in die Sargassosee zurück, um zu laichen und zu sterben, worauf der Zyklus von Neuem beginnt.

Im Baskenland sind Glasaale (*angulas*) sehr begehrt und entsprechend teuer. Jeder einzelne kostet zwar nur etwa einen Euro. Aber da jeder von ihnen nur ein Gramm wiegt, kostet Sie eine kleine Schale mindestens 100 Euro – natürlich sind es auch die besten Meeresfrüchte-Spaghetti Ihres Lebens ...

Im *Etxebarri* sah man dem Beginn der Aal-Saison immer mit gespannter Erwartung entgegen. Normalerweise wurden sie zweifach gegart: zuerst blanchiert, um die schleimige Membran zu entfernen, und dann mit Chilischoten und Knoblauch gebraten. Sie schmeckten schon köstlich, verloren dabei aber viel von ihrer einzigartigen Konsistenz und ihrem typischen Geschmack. Das wollten wir ändern. Man kann Aale in Salz- oder Süßwasser lagern, und wir fanden heraus, dass sie sich am besten unter einem künstlichen Wasserfall mit Frühlingswasser aus den Bergen hielten. Wir töteten sie dann mit einer Tabakinfusion (Tabakblätter in Wasser), wobei sie ihre schleimige Membran ausstießen, bevor wir sie in Süßwasser wuschen. Dann wurden sie in einem Korb direkt über der Glut gegrillt. Bei *angulas* stand die Zeit still: In den 45 Sekunden, die es dauerte, sie zu grillen, unterbrach jeder seine Tätigkeit.

So viel Ehrfurcht vor diesem Produkt sieht man sonst nur noch bei den Japanern. Ihr Faible für die Kultivierung einer speziellen Fertigkeit hat dazu geführt, dass sich dort ganze Restaurants ausschließlich der Zubereitung von Aal widmen. In Japan werden Baby-Aale importiert und gemästet, als wären es die Wagyus des Meeres. Sie werden gewissenhaft exekutiert (Ike-Jime, siehe Seite 246), der Länge nach halbiert, ausgenommen, entgrätet, aufgeklappt und in quadratische Filets geschnitten. Dann werden sie sorgfältig präpariert: aufgespießt, gedämpft, mit einer Glasur auf der Basis von süßer Sojasauce bestrichen und gegrillt. Das Ergebnis nennt sich *kabayaki* und ist außen knusprig, innen weich, fett und zart.

Die folgende Art der Zubereitung zollt dieser Kultur ihren Respekt: Sansho-Pfeffer ist ein traditionelles japanisches Gewürz für Aal. Der herbe Geschmack der australischen Tamarinde liefert genau den richtigen Kontrast zu diesem fettreichen Fisch.

1. Die Glut vorbereiten und einen Grillrost 5 cm über der Glut anbringen.
2. Den Aal vorbereiten: Auf ein Holzbrett legen und gut festhalten. Dicht hinter dem Kopf mit einem Messer mit einem Stich die Wirbelsäule durchtrennen. Den Fisch ausbluten lassen. Den Aal mit einem Nagel auf dem Brett fixieren. Mit dem Messer waagerecht am Rückgrat entlangfahren, den Fisch aufklappen und ausnehmen. Mit dem flachen Messer parallel zum Rückgrat durch den ganzen Aal schneiden und die Wirbelsäule entfernen. Kopf und Schwanz abtrennen, die Flossen stutzen. Den Fisch in Viertel schneiden. Rasch abspülen und gut abtrocknen.
3. Die Tamarinde zubereiten: Die Tamarinde mit dem Zucker in einem kleinen Topf bei schwacher Hitze 30 Minuten kochen, bis sie weich ist. Durch ein feines Sieb in einen sauberen Behälter passieren. Auf Zimmertemperatur abkühlen lassen und beiseitestellen.
4. Die Spieße durch die Aalstücke stechen – das soll verhindern, dass der Fisch sich krümmt. Die Fleischseite des Aals mit Meersalz und Sansho-Pfeffer würzen. 3–5 Minuten mit der Hautseite nach unten auf intensiver Glut grillen, bis er karamellisiert. Das Fett sollte ausschmelzen und die Haut knusprig werden.
5. Den Grillrost auf 20 cm über mittlerer bis schwacher Glut anheben, den Aal umdrehen und weitere 3 Minuten grillen. Die Hautseite salzen. Das Fleisch des Aals sollte leicht undurchsichtig werden, wenn es durch ist. Auf eine Platte legen und an einem warmen Ort 3 Minuten ruhen lassen.
6. Die Spieße entfernen. Jedes Filet in zwei Stücke schneiden und sofort mit dem Tamarindenpüree servieren.

KATEGORIE *herzhaft*

HOLZ
Apfel

TEMPERATUR
intensive bis mittlere und mittlere bis schwache Glut

AUSRÜSTUNG
Grillrost, Holzbrett in der Länge des Aals, Nagel, 3 Holz- oder Metallspieße, 30 cm lang

ZUTATEN

1 lebender Aal (Süß- oder Salzwasser)

100 g frische oder tiefgefrorene australische Tamarinde, geschält (siehe Anmerkung)

70 g Zucker

Meersalz

2 Prisen fein gemahlener Sansho-Pfeffer

ANMERKUNG
Stachelbeeren oder Tomatillos sind eine gute Alternative, falls frische Tamarinde nicht erhältlich ist. Man grillt sie einfach, bis sie weich sind, und kocht sie dann mit 20 g Zucker ein.

003

Fleisch

Mehr als 200 Tage trocken gereifte Rinderhochrippe

Der größte Teil der Speisekarte im *Firedoor* besteht – untypisch für ein Grillrestaurant – aus Fisch- und Gemüsegerichten. Manchmal haben wir in einer Woche 14 verschiedene Arten Fisch im Angebot.

Eins war klar: wenn ein Steak auf die Karte kommt, musste es etwas ganz Besonderes sein. Einfach das beste australische Steak zu nehmen und auf den Grill zu legen reichte nicht. Es musste besser sein. Es musste sich gegen die Erinnerung an das hervorragende galizische Rindfleisch behaupten, die mir für immer eingeprägt bleibt.

Beim Rindfleisch kommt es auf die Rasse, die Ernährung und die Umgebung an. In Australien gibt es weder die spanische Rasse *rubia gallega* noch die Kultur, Fleisch von älteren Tiere zu verwenden, die ausschließlich auf der Weide gehalten wurden.

Dagegen sind auf dem fünften Kontinent viele alte englische Rassen wie Angus und Hereford vertreten. Zusammen mit Anthony Puharich, dem Fleischer meines Vertrauens, suchte ich 12 Stunden nach der Schlachtung die besten dieser Tiere aus. Wir stießen auf offensichtliche Launen der Natur, reinrassige Tiere mit einer Fett-Maserung, wie man sie normalerweise nur bei Wagyû-Rindern findet. So weit, so gut, aber wir wollten noch höher hinaus. So ließen wir uns von traditionellen schwedischen Verfahren und italienischen Techniken bei der Prosciutto-Herstellung inspirieren: Das die Nieren der Tiere umgebende Fett wurde ausgelassen und die offenen Rinderseiten damit bestrichen, bis sie von einer Schicht ihres eigenen Fetts versiegelt waren, bevor wir sie mehr als 200 Tage am Knochen trocken reifen ließen.

Wie man sich vorstellen kann, war das zu Beginn ein absoluter Albtraum. Wir hatten keine Informationen, was das Verfahren betraf, und sowohl die Fleischqualität als auch der Prozess waren natürlichen Schwankungen unterworfen. Aber wir ließen uns nicht beirren. Wir schauten genau hin und lernten dazu, bis wir ein Ergebnis hatten, das uns begeisterte. Bis heute finde ich es schwierig, den Geschmack exakt zu beschreiben: Das Profil reicht von einer starken Umami-Fleischigkeit bis hin zu altem Sherry und gereiftem Parmesan. Wir haben etwas Einzigartiges geschaffen, das dem Produkt, dem Fleisch, gerecht wird und mich daran erinnert, was wir im *Etxebarri* seinerzeit mit dem Kaviar erreicht hatten (siehe Seite 17). Und das Schöne daran ist, dass dieser Prozess nie zu Ende ist. Wir hören nicht auf, dazuzulernen und unser Ergebnis zu verbessern. Es ist ein außergewöhnliches Steak, aber es gehört viel mehr dazu als nur ein Koch und der Grill, bis es auf dem Teller liegt.

Natürlich gibt es viele Rezepte, um ein Steak zu braten, aber dieses Fleisch bringt schon so viel mit, dass es nur noch wenig Ausschmückung braucht: den Rauchgeschmack von Rebholz und gutes Salz. Wichtig ist, das Steak vor dem Grillen Zimmertemperatur annehmen zu lassen, damit sich das Fett gut verteilen kann.

Fortsetzung auf Seite 173

Mehr als 200 Tage trocken gereifte Rinderhochrippe

FÜR 2–4 PERSONEN

1. Die Glut vorbereiten. Den Grillrost etwa 10 cm über der Glut anbringen.
2. Das Steak am Knochen nehmen und den Rost damit drei- bis viermal bestreichen.
3. Das Steak auf den Grillrost legen und sofort gut salzen.
4. Das Steak nach 1 Minute um 60 Grad drehen, falls nötig, die Höhe des Rosts verstellen, damit das Fleisch von den Flammen nur beleckt wird.
5. Die Drehung fünfmal wiederholen, bis die Oberfläche mahagonifarben karamellisiert ist.
6. Wenn das Steak von der ersten Seite fertig gebraten ist, umdrehen und erneut salzen.
7. Die Schritte 4–5 wiederholen, falls nötig, den Rost in der Höhe verstellen.
8. Das Steak vom Grill nehmen und 5 Minuten an einem warmen Ort ruhen lassen.
9. Den Knochen mit einem scharfen Messer entfernen, die Sehne an der Innenseite der Rippe abschneiden und das Fleisch in 5 mm dicke Scheiben zerteilen. Sofort servieren.

KATEGORIE *herzhaft*

HOLZ
Rebholz

TEMPERATUR
intensive Glut

AUSRÜSTUNG
Grillrost

ZUTATEN
1 kg trocken gereifte Rinderhochrippe am Knochen, mit Zimmertemperatur

Fleur de Sel oder Meersalz

Entenherzen

Sellerie, Sauerkirschen

FÜR 4 PERSONEN

Entenherzen gehören wohl zu den am meisten unterschätzten und doch zartesten Teilen des Vogels. Angesichts der vielen Einflüsse aus den Küchen Asiens, die Down Under zu finden sind, wollte ich ein Gericht kreieren, das an die Peking-Ente erinnert, die in so gut wie jedem Restaurant in Sydneys Chinatown serviert wird. Statt der ganzen Ente nehmen wir uns direkt das Herz vor, grillen es auf Spießen und servieren es mit einer Sauerkirschsauce, Frühlingszwiebeln und hauchdünnen Selleriescheiben, die an die traditionellen chinesischen Pfannkuchen erinnern.

1. Die Glut vorbereiten.
2. Die Entenherzen vorbereiten: Das obere Ende mit einem scharfen Messer abschneiden, Fett, Bindegewebe und Adern entfernen. Die Herzen in die gekühlte Salzlake legen und 1 Stunde ruhen lassen. Herausnehmen, abspülen und sorgfältig trocknen.
3. Die Sauerkirschsauce zubereiten: Die Kirschen entkernen. Die Steine zwischen zwei Blatt Küchenpapier legen und mit einem Hammer zerschlagen. Die holzigen Teile entsorgen, die weichen Kerne beiseitelegen.
4. Die Kirschen mit Essig, Palmzucker, Salz, Ingwer, Zimt und Zitronenschale in einem Topf zum Kochen bringen. 20 Minuten köcheln lassen, bis die Kirschen ganz weich sind. Vom Herd nehmen und leicht abkühlen lassen. Mit dem Stabmixer glatt pürieren, durch ein feines Sieb in einen sauberen Topf passieren und zum Kochen bringen. Die Kirschkerne hinzufügen und die Sauce unter ständigem Rühren bei schwacher Hitze 1 Stunde kochen lassen, bis sie eindickt. Durch ein feines Sieb gießen und abkühlen lassen.
5. Den Grillrost direkt auf die Glut legen. Die Selleriescheiben etwa 2 Minuten auf jeder Seite grillen, bis sie gut geröstet sind. Leicht mit etwas Entenschmalz bestreichen und warm stellen.
6. Die Frühlingszwiebeln auf demselben Rost 2 Minuten grillen, bis sie goldbraun und leicht angekohlt sind. Herunternehmen, salzen und warm stellen.
7. In der Zwischenzeit die Entenherzen auf die Spieße stecken (3 pro Spieß) und 2–3 Minuten grillen. Leicht mit dem restlichen Entenschmalz bestreichen. Herunternehmen und salzen.
8. Sofort mit den Selleriescheiben, der Sauerkirschsauce und den Frühlingszwiebeln servieren.

KATEGORIE *herzhaft*

HOLZ
Rebholz

TEMPERATUR
intensive Glut

AUSRÜSTUNG
Grillrost, 12 Metallspieße oder Holzspieße, 2 Stunden gewässert

ZUTATEN

36 Entenherzen, geputzt (siehe Anmerkung)

1 l Salzlake, 5 % (siehe Seite 240), gekühlt

1 Knollensellerie, sorgfältig abgebürstet und in 2 mm dicke Scheiben geschnitten

40 g Entenschmalz

12 Frühlingszwiebeln

Fleur de Sel oder Meersalz

Für die Sauerkirschsauce

400 g Sauerkirschen

3 EL gereifter Rotweinessig

3 EL Palmzucker

1 TL frisch geriebener Ingwer

1 TL Salz

½ TL Zimtpulver

1 TL abgeriebene Schale von einer unbehandelten Zitrone

ANMERKUNG

Wie bei allen Innereien ist es wichtig, frische Herzen aus einer zuverlässigen Quelle zu verwenden.

Das Huhn des Bettlers

FÜR 4 PERSONEN

Ein chinesisches Märchen erzählt von einem hungrigen Bettler, der in Hangzhou ein Huhn stahl. Verfolgt von dem Bauern, schaffte er es bis zum Fluss und versteckte das Huhn im Schlamm. Bei Anbruch der Nacht kehrte er zurück und machte ein kleines Feuer, um seine Beute zu garen. Er stellte fest, dass das Huhn vom fetten Lehm des Flussufers umhüllt war, und legte es direkt auf die Glut. Während der Lehm trocknete, bildete sich eine Kruste um das Huhn, das innen langsam gedünstet wurde. Als der hungrige Mann schließlich den harten Lehm abklopfte, verbreitete das Tier einen so himmlischen Geruch, dass der in der Nähe vorbeikommende Kaiser darauf aufmerksam wurde. Er aß zusammen mit dem Bettler und befand, das Huhn sei es wert, die kaiserliche Tafel zu zieren.

Mit diesem Rezept müssen Sie einen Tag vorher beginnen, damit das Huhn genug Zeit hat, die Aromen aus der Marinade aufzunehmen. Der Rest ist ein Kinderspiel, aber das Ergebnis wirklich spektakulär.

KATEGORIE *herzhaft*

HOLZ
Eiche

TEMPERATUR
schwache Glut, heiße Asche

AUSRÜSTUNG
gusseiserne Pfanne, Küchengarn, 4 kg Ton (Baumarkt, Bastelbedarf)

ZUTATEN

1 Huhn von 1,8 bis 2 kg

3 getrocknete Lotosblätter, 40 Minuten eingeweicht

Für die Marinade

1 Sternanis

1 TL Gewürznelken

1 TL Fenchelsamen

½ Zimtstange

1 TL Szechuan-Pfefferkörner

2 EL Sojasauce

60 ml Shaoxing-Reiswein

2 TL fein gehackter Ingwer

Für die Farce

50 g Klebreis

1 EL Traubenkernöl

3 Knoblauchzehen, fein gehackt

1 Stück Ingwer, fein gehackt

2 Frühlingszwiebeln, in feine Ringe geschnitten

50 g Judasohren, in feine Scheiben geschnitten

50 g Shiitake-Pilze, fein gehackt

2 chinesische Trockenwürste, gewürfelt

5 getrocknete Taglilien, 20 Minuten eingeweicht und fein gehackt (nach Belieben)

1 TL getrocknete Goji-Beeren

10 g getrocknete Jakobsmuscheln

1. Die Glut vorbereiten.
2. Die Marinade zubereiten: Die Gewürze in einer gusseisernen Pfanne 2–3 Minuten leicht rösten, bis sie duften, dann herausnehmen und in einem Mörser zu feinem Pulver zerstoßen. Mit Sojasauce, Reiswein und Ingwer verrühren.
3. Das Huhn waschen und mit Küchenpapier trocken tupfen. Haut und Bauchhöhle mit der Marinade einreiben. Zugedeckt 6–8 Stunden kalt stellen.
4. Den Klebreis waschen und 4 Stunden in Wasser quellen lassen. Abgießen und abspülen.
5. Das Huhn aus dem Kühlschrank nehmen und abgießen, Marinade aufheben.
6. Die Füllung zubereiten: Das Traubenkernöl in einer gusseisernen Pfanne erhitzen. Knoblauch, Ingwer und Frühlingszwiebeln darin 1 Minute anbraten, bis sie duften. Pilze und Wurst hinzufügen und 2 Minuten mitbraten. Taglilien, Goji-Beeren, getrocknete Jakobsmuscheln und die aufgehobene Marinade hinzufügen. Umrühren, vom Herd nehmen und abkühlen lassen.
7. Die Bauchhöhle des Huhns mit der Farce füllen und die Beine mit Küchengarn zusammenbinden. Das Huhn mit der Brustseite nach oben auf ein Lotosblatt legen. Das Blatt über Seiten und Flügel des Huhns bis zur Brust schlagen. Das umwickelte Huhn umdrehen, auf ein zweites Lotosblatt legen und noch einmal umwickeln. Den Vorgang mit dem dritten Blatt wiederholen, sodass das Huhn völlig bedeckt ist. Die Blätter mit Küchengarn fixieren.
8. Den Ton zu einem 5 mm dicken Rechteck ausrollen. Das eingewickelte Huhn auf das eine Ende der Tonplatte legen und das andere darüberschlagen. Die Ränder mit den Fingern zusammendrücken, damit das Huhn gut abgedichtet ist. 40 Minuten trocknen lassen.
9. Das in Ton verpackte Huhn in die Glut legen und vollständig mit Glut bedecken. 2 Stunden in der Asche garen. Dann ist der Ton rundherum hart ausgebacken. Das gebratene Huhn aus der Asche nehmen und 30 Minuten ruhen lassen.
10. Zum Tisch bringen, die Tonkruste aufbrechen, die Lotosblätter abnehmen und den märchenhaften Vogel freilegen.

Wachteln

gerösteter Dinkel, Trauben

FÜR 4 PERSONEN

Für dieses Gericht sollte man die größten Wachteln nehmen, die der Geflügelhändler zu bieten hat: In Sydney verwenden wir *jurassic quails* von Charlie Scott, die im Schnitt mehr als 300 Gramm auf die Waage bringen. Die Kombination von Wachteln und Trauben geht bis in die römische Zeit zurück. In diesem Rezept greifen wir zu Rebholz für die Glut und zu Weinblättern, die dem Wachtelfleisch eine leichte Zitrusnote verleihen.

1. Den Wacholdersirup zubereiten: Die Trauben entsaften, den Saft in einem kleinen Topf zum Kochen bringen und auf rund 100 ml Sirup reduzieren. Die zerdrückten Wacholderbeeren hinzufügen, den Sirup vom Herd nehmen und 6 Stunden oder über Nacht ruhen lassen.
2. Die Wachteln vorbereiten: Bei jeder Wachtel die Haut über der Brust vorsichtig zurückziehen und das Gabelbein mit der Spitze eines scharfen Messers entfernen. Die Haut wieder zurückklappen. Die Flügelspitzen abknipsen. Das Rückgrat mit einer Schere herausschneiden. Alle Knochen für den Fond aufheben, verbliebene Innereien wegwerfen. Die Wachteln mit der Brustseite nach oben auf die Arbeitsfläche legen und mit dem Handballen das Brustbein fest herunterdrücken, damit sie schön flach werden. Die vorbereiteten Vögel 2 Stunden in die gekühlte Salzlake legen. Abgießen, abspülen und mit Küchenpapier trocken tupfen.
3. Die Glut vorbereiten.
4. In der Zwischenzeit die Wachtelknochen (Flügel, Gabelbein, Rückgrat) in einer gusseisernen Pfanne auf der Glut rösten, bis sie goldbraun sind. Mit Möhre, Zwiebel und Hühnerbrühe in einen großen Topf geben und zum Kochen bringen. 20 Minuten köcheln lassen und den Schaum abschöpfen. Vom Herd nehmen, leicht abkühlen lassen und durch ein feines Sieb in einen sauberen Topf passieren.
5. Den Dinkel in einen Topf geben, auf kleiner Flamme erhitzen, dabei schwenken, damit er gleichmäßig geröstet wird. Wenn die Körner braun und nussig sind, salzen, in eine Schale umfüllen und beiseitestellen.
6. In demselben Topf das Olivenöl erhitzen. Schalotte und Knoblauch darin anbraten, bis sie glasig und weich sind. Den gerösteten Dinkel in den Topf zurückgeben und umrühren, damit die Körner mit dem Öl überzogen werden. 2 Kellen des heißen Wachtelfonds hinzufügen und zum Kochen bringen. Köcheln lassen, bis der Fond fast verdunstet ist. Weiteren Fond hinzufügen und so knapp 1 Stunde fortfahren, bis der Dinkel al dente ist.
7. Die Wachteln in einem Grillkorb mit der Brustseite nach unten etwa 15 cm über der Glut 8–10 Minuten grillen, bis sie karamellisiert sind. Zwei Weinblätter auf jeden Vogel legen und alles umdrehen. Die Wachteln weitere 5 Minuten auf den Weinblättern grillen, dabei mit Wacholdersirup bestreichen. Vom Grill nehmen und an einen warmen Ort stellen. Der austretende Fleischsaft sollte klar sein.
8. Die Weintrauben in einem feinen Sieb grillen, bis sie fast platzen.
9. Die Wachteln mit den Weinblättern auf Teller verteilen, mit dem Dinkel und den gegrillten Trauben servieren.

KATEGORIE *herzhaft*

HOLZ
Rebholz

TEMPERATUR
mittlere Glut

AUSRÜSTUNG
Grillkorb, gusseiserne Pfanne

ZUTATEN

4 große Wachteln

2 l Salzlake, 5 % (siehe Seite 240), gekühlt

1 Möhre, grob gewürfelt

1 Zwiebel, grob gewürfelt

2 l Hühnerbrühe

8 unbehandelte Weinblätter

200 g dunkle Weintrauben an der Rispe

Für den Wacholdersirup

500 g helle Weintrauben

500 g dunkle Weintrauben

2 EL zerdrückte Wacholderbeeren

Für den gerösteten Dinkel

200 g Dinkel

Meersalz

50 ml fruchtig-mildes natives Olivenöl extra

1 Schalotte, fein gewürfelt

1 Knoblauchzehe, fein gehackt

ANMERKUNG

Rechtzeitig beginnen: der Wacholdersirup muss mindestens 6 Stunden ziehen.

Markkochen

Seeigel, Portulak

FÜR 4 PERSONEN

Der Genuss von Knochenmark, das vom Innersten des Tieres stammt, hat etwas Archaisches und leicht Dekadentes. Das Mark gibt Auskunft über die Qualität des Tiers, deshalb ist es wichtig, nur Knochen von natürlich aufgezogenen Rindern aus Weidehaltung zu verwenden.

Knochenmark hat einen nussigen Schmelz, der gut für sich allein stehen kann, aber auch mit kräftigen Zutaten wie Kaviar oder, in diesem Fall, Seeigel harmoniert. Dieses Gericht kombiniert erdige Süße mit der Salzigkeit des Meeres – der ultimative Surf-and-Turf-Genuss.

1. Die Unterschenkelknochen 6 Stunden oder über Nacht in die gekühlte Salzlake legen. Herausnehmen und mit Küchenpapier trocken tupfen.
2. Ein Feuer im Holzofen machen und brennen lassen, bis sich eine mittlere Glut ergibt – es soll eine Temperatur von 300 °C entstehen.
3. Die Seeigel vorbereiten: Die Öffnung an der Unterseite mit einer spitzen Schere weiträumig ausschneiden. Die orangefarbenen Eier darunter vorsichtig herausholen, in gekühltem Wasser abspülen und beiseitestellen.
4. Die Sauce zubereiten: Die Schalottenwürfel in ein Sieb geben, mit Wasser abspülen, dann in einer Schale mit dem Essig übergießen. 20 Minuten stehen lassen, dann abtropfen lassen. Mit Zitronenschale, Kapern, Kapernfrüchten, fermentierter Chilipaste, Petersilie und Olivenöl verrühren.
5. Die halbierten Markknochen in eine gusseiserne Pfanne legen und im Holzofen rösten, bis das Fett zu schmelzen beginnt. Das Mark ist richtig, wenn es hellbraun wird und am Rand erste Blasen wirft.
6. Die Knochen aus dem Ofen nehmen und das Mark mit einem Löffel der Chili-Kapern-Sauce bestreichen. Mit Seeigeleiern und Portulak garnieren und sofort servieren.

KATEGORIE *herzhaft*

HOLZ
Aprikose oder Mandel

TEMPERATUR
mittlere Glut

AUSRÜSTUNG
Holzofen, Infrarotthermometer, gusseiserne Pfanne

ZUTATEN

4 Unterschenkelknochen vom Rind

1 l Salzlake, 5 % (siehe Seite 240), gekühlt

3 lebende Seeigel (nach Belieben)

einige Stängel Portulak, gewaschen, Spitzen abgezupft

Für die Chili-Kapern-Sauce

10 g Schalotte, fein gehackt

50 ml Chardonnay-Essig

abgeriebene Schale von ½ unbehandelten Zitrone

20 g Kapern, fein gehackt

20 g Kapernfrüchte, fein gehackt

½ TL fermentierte Chilipaste (siehe Seite 242)

3 Stängel glattblättrige Petersilie, fein gehackt

100 ml fruchtig-mildes natives Olivenöl extra

ANMERKUNGEN

Den Metzger bitten, die Knochen längs aufzusägen.

Die Knochen brauchen Zeit, um in der Salzlösung abzukühlen, also mit der Zubereitung mindestens 6 Stunden früher beginnen.

Lammhüfte

Borlottibohnen, Brennnesseln

FÜR 4 PERSONEN

Als wir im Restaurant mit trocken gereiftem Lammfleisch experimentierten, waren wir von dem Unterschied beeindruckt, den schon eine Woche ausmacht. Das Fleisch wurde zarter und zugleich schmackhafter.

Frische Borlottibohnen haben eine nussige Cremigkeit, die man mit getrockneten Bohnen kaum erhält. Die Brennnesseln steuern hier eine spinatartige Nuance bei, die einen schönen Kontrast zum Lammfleisch liefert.

1. Die Glut vorbereiten und einen Grillrost direkt darüber anbringen.
2. Das Lamm vorbereiten: Überschüssiges Fett abschneiden, die Abschnitte aufheben. Den Fettdeckel mit einem scharfen Messer einschneiden und das Fleisch Zimmertemperatur annehmen lassen.
3. Die Borlottibohnen mit Möhre, Sellerie, Zwiebel, Fenchel, Lauch, Knoblauch und den Lammabschnitten in eine gusseiserne Pfanne geben.
4. Die Hühnerbrühe dazugießen, zum Kochen bringen, einen guten Schuss Olivenöl hinzufügen, salzen und 40 Minuten köcheln lassen, bis die Bohnen zart sind. Die Bohnen in der Flüssigkeit abkühlen lassen, dann das Suppengemüse und die Lammabschnitte herausnehmen und entsorgen.
5. Die Brennnesseln 2–3 Minuten in kochendem Salzwasser blanchieren. In Eiswasser abschrecken, dann abgießen. Die Brennnesseln mit einem Stabmixer pürieren und ein bisschen Wasser hinzufügen, um eine glatte Creme zu erhalten. Salzen, durch ein feines Sieb passieren und beiseitestellen.
6. Die Glut verschieben und so aufhäufen, dass sie parallel zum Grill verläuft für versetztes, indirektes Garen. Die Fleischstücke mit der Fettseite nach unten neben der Glut und 10 cm von ihr entfernt auf den Grill legen. Gut salzen. Das Fett 8 Minuten langsam schmelzen lassen, bis es karamellisiert ist.
7. Das Fleisch wenden und weitere 5 Minuten garen, dann ist es medium-rare. Gut salzen und 8–10 Minuten an einem warmen Ort stehen lassen.
8. Die Borlottibohnen in der Brühe aufwärmen und das Brennnesselpüree unterrühren.
9. Den Palmkohl 1 Minute grillen, mit Meersalz würzen und herunternehmen.
10. Fleischstücke quer zur Faser aufschneiden. Das Gemüse auf Tellern verteilen und die Fleischscheiben darauf anrichten. Falls vorhanden, die Knoblauchblüten dazugeben.

KATEGORIE *herzhaft*

HOLZ
Rebholz oder Olive

TEMPERATUR
intensive Glut, indirekt

AUSRÜSTUNG
Grillrost, gusseiserne Pfanne

ZUTATEN

4 Stücke Lammhüfte, mit der Fettschicht

500 g Borlottibohnen (Wachtelbohnen), enthülst

1 Möhre, halbiert

1 Selleriestange, halbiert

1 große Zwiebel, geschält und halbiert

1 Fenchelknolle, halbiert

1 Lauchstange, halbiert

2 Knoblauchzehen

1 l Hühnerbrühe

natives Olivenöl extra (eine grünere, pfeffrige Art)

Meersalz

400 g Brennnesseln

1 Bund Palmkohl, Blätter abgezupft und gewaschen

12 Knoblauchblüten (nach Belieben)

ANMERKUNGEN

Bitten Sie den Metzger, vom Lammfleisch nur die Haut zu entfernen und den Fettdeckel intakt zu lassen.

Zum Pflücken der Brennnesseln Handschuhe tragen. Wer keine Nesseln findet, kann Spinat nehmen.

Ente à la ficelle

FÜR 4 PERSONEN

À la ficelle (»an der Schnur«) ist eine traditionelle französische Methode, um Enten (oder auch eine Lammkeule) zu garen. Man braucht wenig Platz, weil der Vogel zum langsamen Braten neben dem Feuer aufgehängt wird, auf dem gleichzeitig andere Gerichte zubereitet werden können. Außerdem verlangt er wenig Aufmerksamkeit, weil er sich an seiner Schnur von selbst dreht und nur hin und wieder angestoßen werden muss. Mehr über das indirekte, versetzte Garen findet sich auf Seite 41. Die Kombu-Reduktion sorgt in diesem Gericht für einen salzigen Umami-Ausgleich zu der süßsauren Glasur.

1. Die Ente vorbereiten: Flügelspitzen abschneiden, Federkiele sowie überschüssiges Fett entfernen. Mit den Fingern unter die Haut fahren, um sie vorsichtig vom Fleisch zu lösen. Ein langes Stück Küchengarn um den Hals der Ente binden.
2. Die Gewürzmischung zubereiten: Fenchelsamen und Sternanis 2–3 Minuten in einer Pfanne rösten, bis sie duften. Die Gewürze in einem Mörser zu feinem Pulver zerstoßen. Orangenschale und Salz untermischen.
3. Die Bauchhöhle der Ente mit der Gewürzmischung einreiben. Das Heu in die Höhle stecken und die Öffnung mit einem Spieß verschließen.
4. Die Blanchier-Flüssigkeit zubereiten: Alle Zutaten mit 1 l Wasser in einen großen Topf geben und 5 Minuten kochen. Die Ente am Hals über den Topf halten und fünfmal mit der kochenden Flüssigkeit beschöpfen. Das öffnet die Poren und lässt die Haut fest und trocken werden. Die Ente auf ein Grillgitter legen und völlig abkühlen lassen.
5. Die Glasur zubereiten: Die Blanchier-Flüssigkeit auf 50 ml einkochen, dann Malzzucker und Essig hinzufügen. Weiter einkochen und zu einer dicken Glasur reduzieren. Eine Schicht der Glasur mit einem Pinsel auf die Entenhaut auftragen und trocknen lassen. Diesen Prozess wiederholen, bis sich eine braune, klebrige Schicht gebildet hat. Die Ente auf dem Gitter unbedeckt über Nacht im Kühlschrank trocknen lassen.
6. Ein Feuer vorbereiten für versetztes, indirektes Garen.
7. Die Ente aufhängen, sodass sie am Hals 20 cm vor dem Feuer und rund 15 cm über dem Boden hängt. Eine Pfanne unter die Ente stellen, um das abschmelzende Fett aufzufangen.
8. Die Schnur drehen und loslassen, sodass die Ente sich gleichmäßig dreht. Das Feuer in Gang halten, während die Ente gart, und die Glut notfalls näher oder weiter wegschieben.
9. Die Ente weitere 2–3 Stunden langsam drehen, bis sie eine dunkle Mahagonifarbe annimmt.
10. Die gegarte Ente vom Haken nehmen und vor dem Servieren 10 Minuten ruhen lassen.

KATEGORIE *herzhaft*

HOLZ
Kirsche, 1 Handvoll Heu

TEMPERATUR
intensive Glut, indirekt

AUSRÜSTUNG
Küchengarn, Haken, Holz- oder Metallspieß, Grillgitter, gusseiserne Pfanne

ZUTATEN

1 Ente von 2 kg, mit Kopf (siehe Anmerkungen)

Für die Gewürzmischung

1 TL Fenchelsamen

1 Sternanis

abgeriebene Schale von 1 unbehandelten Orange

1 TL Meersalz

Für die Blanchier-Flüssigkeit

110 g getrockneter Kombu

1 Sternanis

1 TL Fenchelsamen

Schale und Saft von 1 unbehandelten Orange

Für die Glasur

100 g Maltose (Malzzucker)

100 ml Pedro-Ximenez- oder Sherryessig

ANMERKUNGEN

Die Ente braucht nach dem Glasieren Zeit zum Trocknen, also mit der Zubereitung am Vortag beginnen.

Eine Ente mit Kopf lässt sich leichter aufhängen.

Schweinekotelett

Spitzkohl, Kombucha-Apfel

FÜR 4 PERSONEN

Auch Schweinefleisch kann von der Trockenreifung profitieren. Unser Fleischer lässt für uns Rücken vom Kurobuta-Schwein zehn Tage am Knochen reifen. So wird das natürliche Aroma intensiviert, und auf dem Grill schmilzt das Fett wie Butter.

Die Kombination von Schweinefleisch und Äpfeln ist in Großbritannien ein Klassiker, den ich aus meiner Kindheit kenne. Im Herbst sammelten wir Äpfel von unserem Baum, und meine Mutter kochte sie dann mit ein bisschen Zucker ein, das ergab die perfekte Ergänzung zum Schweinebraten. Ich setze hier zudem auf die Säure von natürlich vergorenem Kombucha.

KATEGORIE *herzhaft*

HOLZ
Kirsche oder Kastanie

TEMPERATUR
mittlere bis intensive Glut, indirekt

AUSRÜSTUNG
Grillrost

ZUTATEN

100 ml Kombucha

100 g Zucker

4 Äpfel (Sorte Pink Lady), halbiert

4 Schweinekoteletts von 250 g, mit Knochen und Schwarte

Meersalz

1 Spitzkohl, geviertelt

60 ml Olivenöl

30 ml Apfelessig

ANMERKUNG

Man kann beim Fleischer auch ein Schweinskarree kaufen, ein Kotelettstück mit Knochen, bei dem das Rückgrat entfernt ist, und selbst zerteilen.

1. Die Glut vorbereiten und einen Grillrost direkt darübersetzen.
2. Kombucha und Zucker mit 1 l gekühltem Wasser in einem großen Topf zum Kochen bringen und rühren, um den Zucker aufzulösen.
3. Die Äpfel hinzugeben und 8–10 Minuten köcheln lassen, bis sie weich sind. Den Topf vom Herd nehmen und die Äpfel in der Flüssigkeit abkühlen lassen.
4. Das Fett der Schweinekoteletts mit einem scharfen Messer im Abstand von 1 cm einschneiden.
5. Die mittlere bis intensive Glut verschieben und so aufhäufen, dass sie parallel zum Grill verläuft. Die Koteletts mit der Hautseite nach unten 10–15 cm von der Glut entfernt (siehe Seite 41) nebeneinander auf den Grill legen. Die Rippenseite salzen.
6. Das Fett 8 Minuten langsam abschmelzen lassen, bis sich an der Oberfläche kleine Blasen bilden und die Haut goldfarben und knusprig ist. Die Koteletts auf die Knochenseite drehen und weitere 8 Minuten garen. Vom Rost nehmen.
7. Die Glut direkt unter den Rost schieben und den Grillrost 15 cm darüber anbringen. Die Koteletts flach auf den Rost legen und gut salzen. Notfalls die Höhe des Rosts anpassen, damit das Fleisch von den Flammen nur beleckt wird. Grillen, bis das Fleisch mahagonifarben karamellisiert ist. Die Koteletts umdrehen, salzen und den Vorgang wiederholen.
8. Herunternehmen und an einem warmen Ort 5 Minuten ruhen lassen.
9. Die Äpfel aus der Garflüssigkeit nehmen, das Kerngehäuse entfernen. Die Apfelhälften mit der Schnittseite nach unten 8 Minuten grillen, bis sie leicht karamellisiert sind.
10. Die Kohlviertel sparsam mit Olivenöl besprühen und etwa 4 Minuten auf jeder Seite grillen, bis sie stark gebräunt sind. Herunternehmen, salzen und mit Olivenöl und Apfelessig beträufeln.
11. Den Knochen der Kotelettstücke mit einem scharfen Messer entfernen und das Fleisch in 8 mm dicke Scheiben schneiden. Sofort mit den Äpfeln und dem Kohl servieren.

Schweinebauch

Sauce von gerösteten Pflaumen

FÜR 4 PERSONEN

Das Wichtigste an einem guten Schweinebauch ist die knusprige Kruste und das wundervolle Geräusch, das sie macht, wenn sie wie Glas zerspringt und den Blick auf das saftige Fleisch freigibt. Die trockene Hitze eines Holzfeuers gart beides in Perfektion.

1. Die Glut vorbereiten und ein Grillgitter 15 cm darüber anbringen.
2. Die Pflaumensauce zubereiten: Die Früchte waschen, halbieren und entsteinen. Mit der Schnittseite nach unten über intensiver Glut grillen, bis sie karamellisiert sind. In eine gusseiserne Pfanne geben, Essig, Chiliflocken, Sternanis, Szechuanpfeffer, Orangenschale und -saft, Ingwer und Knoblauch hinzufügen und zum Kochen bringen. Unter gelegentlichem Rühren köcheln lassen, bis die Pflaumen weich sind.
3. Durch ein feines Sieb passieren. Die Mischung zurück in die Pfanne gießen, Sojasauce und Zucker hinzufügen und die Sauce unter Rühren köcheln lassen, bis der Zucker aufgelöst ist. Weitere 5 Minuten köcheln lassen, ohne dass die Sauce anbrennt. Sie sollte dunkel glänzen und süßsauer, salzig und fruchtig schmecken.
4. Den Schweinebauch mit der Schwarte nach oben auf einem Grillgitter über ein Waschbecken stellen. 500 ml Wasser in einem Topf zum Kochen bringen und vorsichtig über die Schwarte gießen, um sie abzubrühen – so trocknet sie besser beim Braten. Den Schweinebauch trocken tupfen und für 2 Stunden in den Kühlschrank legen. Herausholen und die Schwarte mit einem scharfen Messer gleichmäßig im Abstand von 1 cm einschneiden, ohne das Fleisch zu verletzen.
5. Sternanis, Szechuanpfeffer, Orangenschale, Zitronengras und Salz in einem Mörser zerstoßen. Die Mischung gut in die Unterseite des Schweinebauchs einreiben. 1 Stunde bei Zimmertemperatur stehen lassen.
6. Ein Feuer im Holzofen machen. Auf schwache Glut herunterbrennen lassen. Der Ofen sollte eine Temperatur von 180 °C haben.
7. Den Schweinebauch mit der Schwarte nach oben auf ein Grillgitter legen, damit die Luft zirkulieren kann. Ein Backblech darunterschieben, um Fett und Saft aufzufangen, während das Fleisch gart. Den Schweinebauch 2 Stunden langsam braten und das Grillgitter nach 1 Stunde drehen.
8. In der Zwischenzeit die Pflaumen zubereiten: vorsichtig entsteinen, dann in dem Eiweiß wenden, anschließend im Zucker rollen. Langsam 20 Minuten im Holzofen bei etwa 180 °C oder in einer gusseisernen Pfanne über dem Feuer garen, bis sie weich, karamellisiert und knusprig sind. Herausnehmen und 10 Minuten ruhen und Saft ziehen lassen.
9. Den Schweinebauch aus dem Ofen nehmen. Weiteres Holz hinzufügen, um die Ofentemperatur auf etwa 220 °C zu erhöhen, und den Schweinebauch weitere 30 Minuten braten, bis die Schwarte knusprig und das Fleisch zart ist.
10. Aus dem Ofen nehmen und vor dem Tranchieren 10 Minuten ruhen lassen.
11. Den Schweinebauch mit den gerösteten Pflaumen und der Pflaumensauce servieren.

KATEGORIE *herzhaft*

HOLZ
Kirsche oder Kastanie

TEMPERATUR
intensive Glut, schwache Glut

AUSRÜSTUNG
Grillgitter, Backblech, gusseiserne Pfanne, Holzofen, Infrarotthermometer

ZUTATEN

1 kg Schweinebauch mit Knochen

2 Sternanis

½ TL Szechuan-Pfefferkörner

abgeriebene Schale von 1 unbehandelten Orange

1 Stängel Zitronengras, gehackt

10 g Meersalz

8 kleine rote Pflaumen

1 Eiweiß

20 g Zucker

Für die Pflaumensauce

500 g Pflaumen

200 ml Rotweinessig

½ TL getrocknete Chiliflocken

1 Sternanis

½ TL Szechuan-Pfefferkörner

abgeriebene Schale und Saft von ½ unbehandelten Orange

25 g Ingwer, in feine Scheiben geschnitten

2 Knoblauchzehen, in Scheiben geschnitten

25 ml dunkle Sojasauce

60 g brauner Zucker

ANMERKUNG

Die Pflaumensauce hält sich in einem luftdichten Behälter im Kühlschrank bis zu 1 Monat, kann also im Voraus gemacht werden.

Ziege

Ich steige gern auf Berge – nicht um irgendwann auf dem Gipfel anzukommen, sondern um dieses Gefühl der Freiheit zu genießen, das sich einstellt, wenn man die Ebene verlässt. In Frankreich bin ich in den Alpenregionen herumgewandert, zufällig auf Ziegen und Schafe und einsame Hirten gestoßen, die mir immer gern ein Stück von dem wunderbaren Käse gaben, den sie gemacht hatten, wenn ich darum bat. In Spanien behielt ich diese Gewohnheit bei, und Victor ging mit mir an dem Tag in die Berge, wenn das Restaurant geschlossen war. So ließen wir den Grill hinter uns und kamen wieder mit der Natur in unserer Umgebung und den vielen Zutaten in Berührung, die in der Nähe wuchsen.

Meine Klettertouren führten mich bis nach Argentinien, wo ich unbedingt den Aconcagua besteigen musste, den höchsten Berg Südamerikas. Mit 6962 Metern über dem Meeresspiegel eine ganz schöne Herausforderung, und der Weg ins Basislager dauerte mehrere Tage. Ich war überwältigt von den offenen Pampas und von der Lebensweise der Gauchos, die uns begleiteten. Wir hatten unsere Zelte und unsere teure Ausrüstung, und sie sammelten Stöcke und machten ein Feuer. Das Feuer brachte uns alle zusammen, weil sie dort das Essen zubereiteten: ein Stück Fleisch von Lamm, Ziege oder Rind. Mich faszinierte sowohl die Aktivität wie das Feuer, und deshalb setzte ich mich zu ihnen und trank aus Blättern des Mate-Strauchs aufgebrühten Tee, während unsere Begleiter Geschichten aus ihrem Leben erzählten.

Die Argentinier bevorzugen das Holz des Quebracho-Baums, weil es kaum Rauch entwickelt. Quebracho ist außerdem eines der härtesten Hölzer der Welt; sein Name stammt von dem spanischen Ausdruck *quebrar hacha*, der »Axtbrecher« bedeutet und eine Vorstellung davon vermittelt, wie schwer es ist, genug davon für ein Feuer zu zerkleinern. Jedenfalls sorgt die Dichte dafür, dass dieses Holz lange und langsam brennt und gut geeignet ist, um ganze Tiere mehrere Stunden lang zu rösten.

Aber *asado con cuero*, wie diese Art der Zubereitung genannt wird, ist nicht auf Argentinien beschränkt. Man findet sie auch in Chile, Paraguay und Brasilien sowie in Spanien und Portugal.

Die vielleicht älteste schriftliche Überlieferung, die von der Zubereitung eines Tiers am Spieß über offenem Feuer berichtet, einer Ziege, verdanken wir Vergil. Bei dieser uralten Methode ist es allerdings erforderlich, den Spieß ständig zu drehen, damit das Tier gleichmäßig gart. In Südamerika sorgt ein großes kreuzförmiges Metallgerüst, auf dem der Tierkörper während des Bratens fixiert ist (siehe Seite 61) dafür, dass die Ziege nicht dauernd gedreht werden muss. Der Winkel und damit die Entfernung des Tiers vom Feuer wird schrittweise angepasst.

Wenn man ein ganzes Tier am offenen Feuer brät, sollte man das langsam tun und nichts übereilen. Bei dem Garprozess wird das überschüssige Fett abgeschmolzen, und am Ende hat man innen saftiges Fleisch und außen eine karamellisierte Kruste. Bis es so weit ist, braucht man einfach Geduld – aber das Ergebnis ist das Warten mehr als wert.

Ziege

FÜR 4 PERSONEN

1. Eine Feuerstelle bauen (siehe Seite 54).
2. Ein großes Feuer anzünden und die Glut vorbereiten.
3. Die Ziege vorbereiten: Die Hüftknochen auf beiden Seiten aus dem Gelenk brechen, um die Beine zu öffnen. Mit einer Säge von innen das Rückgrat ansägen, damit das Tier flach liegt. Die Ziege sicher an dem Kreuz befestigen, indem man einen Draht in der Nähe des Knochens durch die Beine führt und dann mit einer Zange an dem Kreuz festdreht. Auch um das Rückgrat einen Draht führen und an dem Kreuz befestigen, damit die Ziege während des Bratvorgangs abgesichert ist. Das Tier mit dem Kopf nach unten in einem Winkel von etwa 45 Grad zum Boden und 1,5–2 m vom Feuer entfernt aufhängen.
4. Das Feuer sollte in Verlängerung der Hinterbeine versetzt sein. Mit einer Harke intensive Glut direkt um den Sockel des Kreuzes verteilen, sodass keine Flammen direkt unter dem Tier sind.
5. In einem großen Topf 1 l Wasser, Wein, Essig und Salz zum Kochen bringen, dann den zerdrückten Knoblauch hinzufügen. Vom Feuer nehmen und abkühlen lassen. Das Bund Rosmarin in die Salzlösung tauchen und die Ziege damit von oben bis unten schlagen, um die ätherischen Öle des Rosmarins freizusetzen.
6. Die Ziege während der ersten 2 Stunden immer wieder mit der Lösung bestreichen, damit sie eine schöne Salzkruste bekommt.
7. 3–4 Stunden auf der Knochenseite braten, dabei Holz nachlegen und die Glut verteilen, um für gleichmäßige Hitze zu sorgen.
8. Nach etwa 3 Stunden kontrollieren: Wenn aus den Schultern allmählich Blut austritt und das Kollagen auf der Hautseite nachgibt, ist das ein Zeichen dafür, dass die Ziege umgedreht werden sollte.
9. Das Tier vorsichtig drehen und in einem Winkel anbringen, der es näher am Boden hält. 1 weitere Stunde braten, bis die Haut einen Mahagoniton angenommen hat. Die schöne dünne Kruste sollte hohl klingen, wenn man dagegen klopft.
10. Die Ziege mit Handschuhen vorsichtig vom Feuer nehmen und 15–20 Minuten auf einem großen Tisch ruhen lassen.
11. Die Ziege vom Kreuz lösen. Das Tier mit einer Grillzange und einem großen scharfen Messer in Vorderviertel, Rücken und Keulen zerteilen und dann, bei einem Teilstück nach dem andern, das saftige Fleisch vom Knochen schneiden. Sofort servieren.

KATEGORIE *herzhaft*

HOLZ
Eiche oder Olive

TEMPERATUR
intensive Glut, indirekt

AUSRÜSTUNG
Säge, Asado-Kreuz oder Zaunpfähle aus Metall, Draht, Zange

ZUTATEN

1 Milchzicklein von 8–10 kg (siehe Anmerkung)

1 l trockener Weißwein

40 ml Apfelessig

1 kg Meersalz

½ Knoblauchknolle, Zehen zerdrückt

1 großes Bund Rosmarin, zusammengebunden

ANMERKUNG

Das Milchzicklein sollte eine gleichmäßige Fettschicht haben, um die lange Bratzeit gut zu überstehen. Milchzicklein haben einen großartigen Geschmack, süßer als der von jungen Lämmern, und ein rosafarbenes, feinfaseriges Fleisch. Die Burenziege ist eine südafrikanische Ziegenrasse, die auch in Deutschland Verbreitung gefunden hat. Sie ist berühmt für die Qualität ihrer 40 bis 60 Tage alten Milchzicklein.

004

Früchte

Kirschtomaten

Stracciatella, schwarze Oliven

FÜR 4 PERSONEN

Bei diesem Gericht wird der süße Geschmack der Kirschtomaten durch das langsame Rösten bis zu dem Punkt verstärkt, an dem sie fast kandiert sind und ihre dünne Schale im Mund zerplatzt. Stracciatella ist ein italienischer Käse aus Büffelmilch, weicher und sahniger als Mozzarella. Die getrockneten Oliven mit ihrer krümeligen Textur bilden dazu einen salzigen Kontrast.

1. Den Holzofen auf 85–90 °C vorheizen.
2. Die Oliven mit den Fingern zerdrücken und entkernen. Auf ein mit Backpapier bedecktes Backblech legen und im Ofen 2 Stunden langsam trocknen lassen, bis alle Feuchtigkeit verdunstet ist. Herausnehmen, abkühlen lassen und grob hacken (siehe Anmerkung).
3. Die Tomaten von der Rispe schneiden, den Stängel aufheben. Die Unterseite der Tomaten kreuzförmig einritzen. Die Tomaten auf ein Backblech setzen und mit dem Gasbrenner bearbeiten, bis sich Haut und Stielansatz leicht abziehen lassen. (Man kann die Tomaten auch 5 Sekunden in kochendem Wasser blanchieren, dann in Eiswasser abschrecken und häuten.)
4. Die gehäuteten Tomaten in eine Schüssel legen, leicht salzen und schwenken.
5. Den Zucker und 50 ml Tomatenwasser langsam in einem Topf erhitzen, bis sich der Zucker auflöst. Zum Kochen bringen und die Flüssigkeit reduzieren, bis sie eine dunkle Karamellfarbe annimmt.
6. Den Topf sofort vom Herd nehmen und das restliche Tomatenwasser hinzugießen – die Mischung wird schnell aufwallen –, dann umrühren und auf niedriger Temperatur köcheln lassen, bis die Flüssigkeit zu einem Sirup reduziert ist.
7. Vom Herd nehmen, dann je 1 Tomaten- und Basilikumstängel hinzufügen. 5 Minuten abkühlen lassen.
8. Holz nachlegen und die Ofentemperatur auf 160 °C erhöhen.
9. Die Tomaten mit dem Stielansatz nach unten auf ein Grillgitter legen und 1 Stunde im Ofen garen, bis sie schrumpfen und weich werden. Nach ½ Stunde leicht mit Olivenöl besprühen.
10. Die Tomaten aus dem Ofen nehmen, sofort mit dem Tomatensirup beträufeln und 10 Minuten ruhen lassen.
11. Den Käse auf vier Teller verteilen und salzen. 6 Tomaten auf jeden Teller legen, mit Olivenkrümeln bestreuen und mit Basilikumblättern garnieren. Zum Schluss den Käse mit Olivenöl beträufeln.

KATEGORIE *herzhaft*

HOLZ
Olive

TEMPERATUR
schwache Glut

AUSRÜSTUNG
Holzofen, Infrarotthermometer, Gasbrenner, Grillgitter

ZUTATEN

100 g schwarze Oliven (am besten Empeltre)

24 Kirschtomaten an der Rispe

Meersalz

100 g Zucker

300 ml Tomatenwasser (siehe Seite 240)

2 Stängel Basilikum, Blätter abgezupft, Stängel aufgehoben

natives Olivenöl extra zum Besprühen und zum Beträufeln

300 g Stracciatella di Bufala (italienischer Weichkäse) mit Zimmertemperatur

ANMERKUNG

Die getrockneten Oliven halten sich in einem luftdichten Behälter bis zu 6 Wochen.

Tomatenreis

FÜR 4 PERSONEN

Paella ist ein traditionelles bäuerliches Gericht, das seinen Ursprung in Albufera in der spanischen Provinz Valencia hat, wo seit 1200 Jahren in sumpfigen Tälern Reis angebaut wird. Es sollen die Mauren gewesen sein, die ihn in Spanien eingeführt haben. Früher wurde Paella von den Feldarbeitern auf offenem Feuer mit den Zutaten gekocht, die gerade zur Hand waren.

Wenn man Orangenholz verbrennt, wird die Paella von seinem Aroma durchdrungen, das gut zu reifen Tomaten und zum Parmesan passt. Eine Paella ist aber in erster Linie ein Reisgericht, und die Qualität des Reises ist entscheidend. Der beste soll aus Calasparra am Rio Segura kommen. Kaltes, klares Wasser aus den Bergen sorgt hier dafür, dass die Pflanze nur langsam wächst. So bildet sie Körner aus, die beim Garen mehr Flüssigkeit aufnehmen können.

Außer Reis braucht man für Paella auch noch eine besondere Pfanne (von der das Gericht seinen Namen hat) und Flüssigkeit, wir nehmen hier Tomatenwasser. Der heilige Gral jeder Paella ist der *socarrat*, die knusprige goldene Schicht, die sich am Boden der Pfanne bildet, wenn der Reis karamellisiert.

Der dünne Boden der Pfanne hat zur Folge, dass der Reis leicht anbrennt, wenn man nicht aufpasst. Ein perfektes Reisgericht auf dem offenen Feuer zu kochen ist eine der größten Herausforderungen überhaupt – man muss die Hitze gut kontrollieren.

1. Die Glut vorbereiten und einen Grillrost etwa 30 cm über der Glut anbringen.
2. Die Glut gleichmäßig unter dem Rost verteilen.
3. Das Olivenöl in einer Paella-Pfanne erhitzen. Zwiebel, Knoblauch, Chilischote und Fenchel darin anbraten, bis sie weich sind. Tomaten, Paprikaschoten, Pimentón, Parmesanrinde und eine gute Prise Salz hinzufügen. Den Reis einrühren, sodass die Körner gut mit Öl überzogen sind und eine gleichmäßige Schicht bilden.
4. Das Tomatenwasser vorsichtig angießen und einmal umrühren, um die Zutaten zu vermengen. 8–10 Minuten lebhaft kochen lassen und die Pfanne drehen, damit der Reis gleichmäßig gart.
5. Das Feuer reduzieren und den Reis weitere 15 Minuten sanft kochen, ohne umzurühren. Die Oberfläche des Reises sollte kleine Löcher aufweisen.
6. Rosmarinzweig und Tomatenblätter auf den Reis legen. Die Pfanne sofort mit einem feuchten Geschirrtuch bedecken, vom Feuer nehmen und für 5 Minuten beiseitestellen.
7. Das Tuch abnehmen und die Pfanne für weitere 5 Minuten zurück aufs Feuer stellen, um den *socarrat* zu erzeugen, die goldene Kruste am Boden.
8. Vom Feuer nehmen und sofort mit Petersilienblättern, fein gehobeltem Parmesan bestreuen. Großzügig mit Olivenöl beträufeln.

KATEGORIE *herzhaft*

HOLZ
abgelagertes Laubholz, am besten Orange, langsam heruntergebrannt

TEMPERATUR
mittlere bis intensive Glut

AUSRÜSTUNG
Grillrost, Paella-Pfanne

ZUTATEN

100 ml natives Olivenöl extra

1 Zwiebel, fein gehackt

1 Knoblauchzehe, fein gerieben

1 rote Chilischote, entkernt und fein gehackt

1 Fenchelknolle, geputzt und fein gehackt

2 kg Strauchtomaten, enthäutet, entkernt und gewürfelt (Haut und Kerne für Tomatenwasser aufheben)

2 Piquillo-Paprikaschoten, fein gehackt

1 TL Pimentón (geräuchertes Paprikapulver)

100 g Parmesan, gehobelt, die Rinde aufgehoben

Meersalz

300 g Paellareis (am besten Bomba Calasparra)

1 l Tomatenwasser (siehe Seite 240)

1 Rosmarinzweig

4–5 unbehandelte Tomatenblätter vom Strauch

3 Stängel glattblättrige Petersilie, Blätter abgezupft

100 ml fruchtig-leichtes natives Olivenöl extra

Maulbeeren

Blaubeeren, rauchiges Buttermilcheis

FÜR 4 PERSONEN

In unserem Garten steht ein Maulbeerbaum, der in jedem Frühling seine Lebendigkeit mit einer Fülle purpurfarbener Früchte unter Beweis stellt. Maulbeeren reifen nur am Baum und sind nicht lange haltbar, und ihre kurze Saison ist allzu schnell vorbei. Ich pflücke sie mit meiner Frau, und unser Sohn sitzt auf meinen Schultern, von wo er an die besonders begehrten Früchte der höheren Äste herankommt. Die meisten unserer Maulbeeren wandern direkt von der Hand in den Mund, aber einige schaffen es auch bis ins Restaurant, wo sie zusammen mit Blaubeeren sanft über schwacher Glut geröstet und dann von erfrischendem Buttermilcheis begleitet werden.

KATEGORIE *süß*

HOLZ
Maulbeer- oder anderes Obstholz

TEMPERATUR
schwache Glut

AUSRÜSTUNG
Küchenthermometer, Eismaschine

ZUTATEN

200 g Blaubeeren

20 g Zucker

125 g Maulbeeren

Für das Buttermilcheis

400 ml geräucherte Sahne (siehe Seite 225)

1 Vanilleschote, längs halbiert

6 Eigelb

140 g Zucker

600 ml Buttermilch (siehe Seite 227)

1. Die Eiscremebasis zubereiten: Die Sahne mit der Vanilleschote in einem Topf zum Kochen bringen. Eigelbe und Zucker in einer Schüssel verquirlen, bis sie blassgelb und cremig sind. Weiterquirlen, dabei die kochende Sahne dazugießen. Zurück in den Topf gießen und unter ständigem Rühren mit einem Kochlöffel sanft erhitzen, bis die Mischung eine Temperatur von 76 °C erreicht.
2. Die Mischung durch ein feines Sieb in eine Schüssel passieren, abkühlen lassen und dann in den Kühlschrank stellen.
3. In der Zwischenzeit die Glut vorbereiten.
4. Sobald die Eiscremebasis durchgekühlt ist, die Buttermilch einrühren. In der Eismaschine nach Herstellerangabe gefrieren lassen.
5. Die Blaubeeren im Zucker rollen, bis sie leicht überzogen sind, dann herausnehmen.
6. Maulbeeren und Blaubeeren vorsichtig in ein feines Sieb legen und 1–2 Minuten über der Glut grillen, bis die Beeren kurz davor sind zu platzen.
7. Die Beeren vom Feuer nehmen und sofort auf dem Eis servieren.

Ananas

Ingwersorbet mit Thai-Basilikum

FÜR 4 PERSONEN

Das Wort »Ananas« stammt aus der Guarani-Sprache und bedeutet »ausgezeichnete Frucht«. Wegen ihrer Seltenheit, Kostspieligkeit und ihres Aussehens galt sie lange als Inbegriff der exotischen Frucht. Heute kann man sie sogar beim Discounter kauften. Ananas lässt sich gut grillen, weil sich dabei ihre natürliche Süße noch intensiviert.

Das Ingwersorbet verleiht der Ananas eine erfrischende Note, während das Thai-Basilikum eine pikante Anis-Nuance beisteuert.

KATEGORIE *süß*

HOLZ
Steinobst

TEMPERATUR
mittlere bis intensive Glut

AUSRÜSTUNG
Grillrost, Eismaschine

ZUTATEN

1 Ananas mit Blättern

280 ml Ingwersirup (siehe Seite 243)

abgeriebene Schale und Saft von 1 unbehandelten Limette

40 g rauchige Butter (siehe Seite 227)

Für das Sorbet

60 g Glukosesirup

150 ml Ingwersirup (siehe Seite 243)

abgeriebene Schale und Saft von 2 unbehandelten Limetten

3 Stängel Thai-Basilikum, Blätter abgezupft und gewaschen

1. Die Glut vorbereiten und einen Grillrost etwa 20 cm über der Glut anbringen.
2. Das Sorbet zubereiten: 400 ml Wasser mit dem Glukosesirup in einem kleinen Topf langsam erhitzen, bis die Glukose aufgelöst ist. Vom Herd nehmen und abkühlen lassen. Dann Ingwersirup, Limettensaft und -schale und das Thai-Basilikum hinzufügen. Die Mischung im Mixer 1 Minute pürieren, anschließend durch ein feines Sieb streichen. Im Kühlschrank durchkühlen, dann in der Eismaschine 30 Minuten gefrieren lassen.
3. Die Ananas vorbereiten: Mit einem Sägemesser schälen, dabei die Spitze mit den Blättern intakt lassen. Die Frucht der Länge nach vierteln und den Strunk herausschneiden.
4. Die Ananasviertel 2 Minuten auf jeder Seite grillen, bis die Frucht zu duften beginnt und trocken wird. Weitere 5 Minuten auf jeder Seite grillen, dabei häufiger mit dem Ingwersirup bestreichen, bis der karamellisierende Zucker eine dunkle Bernsteinfarbe annimmt. Auf eine Platte legen und ruhen lassen.
5. Den restlichen Sirup mit Limettenschale und -saft einkochen, bis er reduziert ist und eine dunkle Karamellfarbe annimmt. Die rauchige Butter einrühren und die Ananas mit dem Sirup bestreichen.
6. Die Ananas sofort zusammen mit dem Sorbet anrichten und servieren.

Bananeneis

rauchige Schokolade, Honeycomb

FÜR 4 PERSONEN

Banane, Schokolade, Karamell – drei einfache Zutaten, die zusammen ein unwiderstehliches Dessert ergeben. Die Bananen müssen überreif sein. Sie werden über Obstholz gegrillt, dann lässt man sie eine Nacht in Milch ziehen, die abgegossen und zu Eiscreme verarbeitet wird. Wir nutzen also die ganze Frucht inklusive Schale, um einen möglichst intensiven Bananengeschmack zu erzielen. Für die Schokoladenganache bevorzuge ich Valrhona Macaé, eine Bitterschokolade mit 62 % Kakaoanteil. Wir bereiten die Ganache mit Wasser zu, nicht mit Sahne – so schmilzt sie perfekt auf der Zunge, und sie schmeckt leichter und sauberer. Diese Erkenntnis verdanken wir dem französischen Chemiker Hervé This, der sich intensiv mit den molekularen Grundlagen der Kochkunst beschäftigt hat.

KATEGORIE *süß*

HOLZ
Steinobst

TEMPERATUR
mittlere bis intensive Glut

AUSRÜSTUNG
Grillrost, Küchenthermometer, Eismaschine

ZUTATEN

Für das Bananeneis

- 350 g überreife Bananen
- 700 ml Milch
- 100 g Glukosesirup
- 6 Eigelb
- 100 g Zucker

Für den Honeycomb

- 140 g Glukosesirup
- 60 g Honig
- 400 g Zucker
- 40 g Speisenatron

Für die rauchige Schokoladenganache

- 175 g Bitterschokolade (mindestens 60 % Kakaoanteil)
- 130 ml geräuchertes Wasser (siehe Seite 241)

ANMERKUNG

Die Bananen brauchen Zeit, um in der Milch zu ziehen, deshalb schon am Vortag beginnen.

1. Die Glut vorbereiten und einen Grillrost etwa 15 cm über der Glut anbringen.
2. Das Eis zubereiten: Die Bananen in der Schale 5–10 Minuten über mittlerer bis intensiver Glut grillen, bis sie karamellisiert und geschwärzt sind, nach der Hälfte der Zeit wenden. Vom Grill nehmen und mit der Milch vermengen. Über Nacht in den Kühlschrank stellen.
3. Die Bananenmilch in einen Topf abgießen und mit dem Glukosesirup verrühren. Vorsichtig auf 80 °C erhitzen. Die Eigelbe und den Zucker in einer Schüssel verquirlen, bis die Mischung hell und cremig ist.
4. Eine Schüssel auf Eis stellen. Unter stetigem Quirlen die Hälfte der erwärmten Bananenmilch in die Eimischung gießen. Sobald beides vermengt ist, die ganze Mischung zurück in den Topf mit der restlichen Milch schütten und unter stetigem Rühren auf 80 °C erhitzen. Sofort vom Herd nehmen und durch ein feines Sieb in die eisgekühlte Schüssel abgießen. Auf Zimmertemperatur abkühlen lassen, dann im Kühlschrank durchkühlen.
5. Die kalte Mischung in der Eismaschine nach Herstellerangabe gefrieren lassen. In einen sauberen Behälter füllen und ins Tiefkühlfach stellen.
6. Den Honeycomb zubereiten: Ein kleines Backblech mit Backpapier auslegen. Alle Zutaten bis auf das Natron mit 100 ml Wasser in einem Topf auf 155 °C erhitzen, bis sie zu einem bernsteinfarbenen Karamell verschmelzen. Sofort das Natron einrühren, damit die Mischung Blasen wirft und zu schäumen beginnt. Die heiße Mischung vorsichtig auf das vorbereitete Blech gießen. Abkühlen lassen und dann ins Tiefkühlfach stellen.
7. Die Schokoladenganache zubereiten: Die Schokolade in Stücke brechen und in eine Schüssel geben. Das geräucherte Wasser in einem Topf zum Kochen bringen und über die Schokolade gießen, damit sie schmilzt. Zunächst verrühren, dann die abgekühlte und emulgierte Mischung verquirlen, bis sie Fäden zieht.
8. Die Ganache auf Teller verteilen, mit einigen Stückchen Honeycomb belegen und eine Kugel Bananeneis auf jeden Teller geben. Sofort servieren.

Orangenkuchen

Karamell, Crème fraîche

FÜR 6–8 PERSONEN

Ich schätze an Blutorangen ihre tief purpurrote Farbe und die deutliche, fast himbeerartige Süße. Für diesen Kuchen werden die Früchte im Feuer geröstet und dann püriert. Grießmehl sorgt für eine gute Konsistenz, das exotische Aroma von Kardamom passt perfekt dazu.

1. Falls man einen Dutch Oven benutzt, die Glut vorbereiten und einen Dreifuß über dem Feuer aufstellen. Alternativ den Holzofen auf 200 °C vorheizen und eine Springform bereitstellen.
2. Die Orangen in die Asche betten und 20 Minuten backen, bis sie außen verkohlt und innen weich sind.
3. Die Orangen aus der Asche nehmen, abwischen und aufschneiden, um die Kerne zu entfernen. Die Orangen im Mixer pürieren.
4. Dutch Oven oder Springform einfetten und mit Backpapier auslegen. Boden und Außenseite der Springform mit Alufolie abdichten, damit der Karamell nicht ausläuft.
5. Den Karamell zubereiten: Granatapfelsirup, Zucker, rauchige Butter und Orangensaft in einem Topf bei mittlerer Temperatur erhitzen und rühren, bis sich der Zucker auflöst und die Mischung glatt ist. Zum Kochen bringen und, ohne zu rühren, 4 Minuten kochen lassen, bis die Mischung reduziert und dicklich ist. Den Karamell in den Dutch Oven oder die vorbereitete Springform gießen und vollständig abkühlen lassen.
6. Die verbliebenen 2 Orangen in 5 mm dicke Scheiben schneiden. Die Scheiben kreisförmig leicht überlappend auf dem Karamell verteilen, mit den größeren am Rand beginnen, die kleineren zur Mitte hin verwenden.
7. Die Kardamomkapseln in einer kleinen Pfanne bei mittlerer Temperatur rösten. Die Kapseln aufbrechen und wegwerfen, die Samen im Mörser zerstoßen.
8. Den Teig zubereiten: Butter, Zucker und zerstoßenen Kardamom schlagen, bis die Mischung hell und schaumig ist. Die Eier einzeln hinzufügen und nach jedem auch 1 EL Grieß. Dann den restlichen Grieß und das Backpulver hinzugeben und sorgfältig unterrühren. Zum Schluss Orangensaft, -schale und -püree hinzufügen.
9. Den Teig in den Dutch Oven gießen, den Deckel auflegen und den Topf an der Kette des Dreifußes über der Glut aufhängen. Anderenfalls in die Springform gießen und diese mitten in den Holzofen stellen. Etwa 50 Minuten backen. Der Kuchen ist fertig, wenn ein in die Mitte eingestochener Spieß sauber wieder herauskommt. Den Kuchen 10 Minuten im Topf oder in der Springform abkühlen lassen.
10. Den Rand des Kuchens mit einem Messer von der Form lösen, den Kuchen auf ein Gitter stürzen und abkühlen lassen.
11. Mit Crème fraîche servieren.

KATEGORIE *süß*

HOLZ
Eiche

TEMPERATUR
mittlere Glut

AUSRÜSTUNG
Dutch Oven (23 cm) und Dreifuß oder Holzofen, Infrarotthermometer und Springform (23 cm)

ZUTATEN

4 unbehandelte Blutorangen

6 Kardamomkapseln

250 g weiche Butter, gewürfelt, zzgl. Butter zum Einfetten

150 g brauner Zucker

3 Eier

200 g feiner Hartweizengrieß

1 TL Backpulver

abgeriebene Schale und Saft von 2 unbehandelten Blutorangen

200 g Crème fraîche zum Servieren

Für den Karamell

100 g Granatapfelsirup

100 g brauner Zucker

50 g rauchige Butter (siehe Seite 227)

Saft von 1 Blutorange

ANMERKUNGEN

Das Blutorangenpüree kann bis zu 3 Tage im Voraus zubereitet und im Kühlschrank aufbewahrt werden. Sollten keine Blutorangen erhältlich sein, kann man Navel-Orangen nehmen.

Der Kuchen kann auch in einem normalen Backofen bei 180 °C gebacken werden.

Pfirsiche

Mandelcreme, Knuspergerste

FÜR 4 PERSONEN

Die Sommermonate produzieren Steinobst in Hülle und Fülle: Pfirsiche, Nektarinen, Pflaumen, Aprikosen und Kirschen. Sie alle lassen sich gut mit Mandeln kombinieren – das mag daran liegen, dass sie zur selben Familie gehören. Der natürliche Geschmack von Pfirsichen wird kräftiger, wenn man sie grillt oder in einem Holzofen röstet. Die Mandelcreme sorgt mit ihrem duftigen Marzipanaroma für einen erfrischenden Kontrapunkt, während die Gerste eine knusprige Getreidenote beisteuert.

1. Die Glut vorbereiten und den Grill etwa 20 cm darüber anbringen.
2. Die Mandelcreme zubereiten: Den Zucker mit 800 ml Wasser in einem Topf erhitzen und rühren, bis der Zucker aufgelöst ist. Die Mandeln hinzufügen, dann alles im Mixer sehr fein pürieren. Das Rosenwasser einrühren. Die Gelatine 5 Minuten in kaltem Wasser einweichen, dann abgießen. 100 ml der Mandelmischung erhitzen, dann die Gelatine unter Rühren darin auflösen. Den Rest der Mandelmischung hinzugießen. Die Mischung durch ein feines Sieb in einen sauberen Behälter passieren, abkühlen lassen und für 1 ½ Stunden in den Kühlschrank stellen, bis sie fest geworden ist.
3. Die Knuspergerste zubereiten: Die Gerstenflocken mit 500 ml Wasser in einem Topf zum Kochen bringen und 30 Minuten kochen lassen, bis sie weich sind. Die Flocken in ein Sieb abgießen, dabei 100 ml von dem Kochwasser auffangen. Die Flocken noch warm mit der Butter pürieren. Das Mehl von Hand einrühren, dann die Mischung mindestens 1 Stunde im Kühlschrank ruhen lassen.
4. Den Backofen auf 120 °C vorheizen. Ein Backblech mit Backpapier auslegen. Die Gerstenflockenmasse auf dem vorbreiteten Backblech 1 mm dick verstreichen und 15 Minuten im Ofen backen, bis sie goldbraun und knusprig ist. Herausnehmen und abkühlen lassen.
5. Die Vanilleschote aufschneiden, die Samen herauskratzen und mit der Schote und dem Agavensirup in einem kleinen Topf sanft erhitzen.
6. Die Pfirsichhälften mit dem vanillegetränkten Agavensirup bestreichen und mit der Schnittseite nach unten 6–8 Minuten grillen, um den Zucker allmählich zu karamellisieren. Auf einer Platte ruhen lassen und mit weiterem Nektar bestreichen.
7. Die grünen Mandeln schälen und in Stifte schneiden.
8. Die Pfirsichhälften warm mit ihrem Saft auf der Mandelcreme servieren. Die Knuspergerste in grobe Stücke brechen und zwischen den Früchten verteilen. Zum Schluss mit den Mandelstiften und gegebenenfalls Holunderblüten bestreuen.

KATEGORIE *süß*

HOLZ
Mandel

TEMPERATUR
mittlere bis intensive Glut

AUSRÜSTUNG
Grillrost

ZUTATEN

¼ Vanilleschote

100 ml Agavensirup

4 reife Pfirsiche, halbiert und entsteint

200 g grüne Mandeln

Holunderblüten (nach Belieben)

Für die Mandelcreme

60 g Zucker

250 g blanchierte Mandeln

1 TL Rosenwasser

2 Blatt Gelatine

Für die Knuspergerste

40 g Gerstenflocken

35 g Butter

20 g Mehl

ALTERNATIVE METHODE

Die Pfirsiche im Holzofen bei 120 °C rösten.

Pawlowa

Physaliscreme, Holunderblüten

FÜR 6–8 PERSONEN

So ein riesiges Baiser mit einer Füllung aus Schlagsahne und Früchten ist nicht zu übertreffen. Es war meine liebste Süßigkeit, als ich klein war. Und trotz vieler Versuche ist es mir nie gelungen, eine Pawlowa zu backen, die so gut ist wie die meiner Mutter. Sie machte sie immer kurz vor dem Zubettgehen, schlug Eiweiß und Zucker zu verträumten wolkenähnlichen Gipfeln auf. Dann schob sie die Baisermasse in den Ofen und setzte sich mit einer Tasse Tee und einem Kreuzworträtsel in die Küche. Nach einer Stunde wurde der Ofen ausgeschaltet und das Baiser trocknete über Nacht seiner Vollendung entgegen.

Hitze und Trockenheit eines Holzofens bieten ideale Bedingungen für die perfekte Pawlowa. Physalis haben eine kräftige süßsaure Note, die gut zu dem zuckrigen Baiser passt.

KATEGORIE *süß*

HOLZ
Steinobst

TEMPERATUR
schwache Glut

AUSRÜSTUNG
Holzofen, Infrarotthermometer

ZUTATEN

Für die Pawlowa

250 g Eiweiß

350 g Zucker

1 TL heller Essig

1 TL Speisestärke

Für die Physaliscreme

150 ml Milch

2 Eigelb

30 g Zucker

300 g Physalis

150 ml Sahne

50 ml Holunderblütensirup (siehe Seite 243)

Holunderblüten (nach Belieben)

1. Ein Feuer im Holzofen machen und den Ofen auf 120 °C erhitzen. Ein Backblech mit Backpapier auslegen.
2. Die Pawlowa zubereiten: Die Eiweiße mit 50 g Zucker schlagen, bis sich weiche Spitzen bilden. Weiterschlagen und langsam den restlichen Zucker hinzufügen, bis er sich aufgelöst hat und die Baisermasse glänzend, dick und steif ist. Den Essig hinzufügen und die Speisestärke vorsichtig unterheben.
3. Die Mischung auf das Backblech löffeln und hinten in den Holzofen schieben. Etwa 1 ½ Stunden backen.
4. Das Baiser in den vorderen Teil des Ofens ziehen und die Tür einen Spalt offen lassen, damit ein wenig Luft entweichen kann. Das Baiser mindestens 6 Stunden oder über Nacht im Ofen lassen, damit es fest und schön trocken werden kann.
5. Die Physaliscreme zubereiten: Die Milch in einem kleinen Topf erhitzen. Die Eigelbe mit dem Zucker in einer Schüssel cremig aufschlagen. Die Eigelbe unter ständigem Quirlen in die heiße Milch gießen, dann die Mischung in einen sauberen Topf füllen und bei niedriger Temperatur erhitzen, bis sie eindickt und die Rückseite eines Löffels überzieht. Die Creme vom Herd nehmen und abkühlen lassen.
6. 200 g der Physalis in einem feinen Sieb grillen, bis sie leicht rauchig sind und platzen. In eine Schüssel umfüllen und leicht mit einer Gabel zu einem groben Brei zerdrücken.
7. Die Sahne mit dem Holunderblütensirup aufschlagen, bis sich weiche Spitzen bilden. Vorsichtig das Physalispüree und die Creme unterheben, dabei einen Welleneffekt erzielen. In einen Behälter umfüllen und kalt stellen.
8. Vor dem Servieren die restlichen Physalis wie oben grillen.
9. Das Baiser mit der Physaliscreme bestreichen und mit den gegrillten Physalis und gegebenenfalls Holunderblüten garnieren.

Kokosnuss

Schokolade, Kirschgranita

FÜR 4 PERSONEN

Die Kokosnuss, botanisch gar keine Nuss, sondern eine Steinfrucht, bringt gleichwohl einen schönen nussigen Geschmack mit und gleichzeitig eine sahnige Konsistenz, die sie als Ersatz für Milchprodukte prädestiniert. Die Idee war, das Fruchtfleisch der Kokosnuss durch langes Garen in der Asche allmählich in seinem süßlichen Wasser zu konzentrieren. Das Ergebnis war umwerfend. Die Kokosnuss behält ihren natürlichen Saft, aber er verbindet sich mit dem cremigen Fleisch und nimmt feine Rauch- und Karamellnoten an. Wir machten daraus ein erfrischendes Sorbet, das wir mit einem Schoko-Überzug versahen, um die Süße der Kokosnuss mit einer zarten Bitterkeit zu kontern, und durch die frische Kirschgranita gewinnt das Ganze eine herrliche Dekadenz.

1. Die Glut vorbereiten.
2. Die Kokosnüsse direkt auf mittlerer bis intensiver Glut rösten, bis sie rundherum schwarz sind. Dann mit 200 °C heißer Asche bedecken und 2 Stunden garen. Herausnehmen und abkühlen lassen.
3. Vorsichtig ein Loch in die Oberseite jeder Kokosnuss bohren und das Wasser in einen Behälter abgießen; das sollte 400 ml Flüssigkeit ergeben.
4. Die Kokosnüsse mit einer Säge halbieren. Das Fleisch mit einem Löffel herausschaben; es sollten 600 g sein. Die Kokosschalen ins Tiefkühlfach legen.
5. Das Kokoswasser mit dem Fruchtfleisch im Mixer glatt pürieren. Durch ein feines Sieb in eine Schüssel streichen und mit dem Glukosesirup verrühren. Die Mischung für 8 Stunden in den Kühlschrank stellen. Sobald sie vollkommen abgekühlt ist, in der Eismaschine nach Herstellerangabe gefrieren lassen. In einen geeigneten Behälter umfüllen und ins Tiefkühlfach stellen.
6. Die Granita zubereiten: Den Zucker mit 150 ml Wasser in einem Topf zum Kochen bringen, bis ein leichter Sirup entsteht. Vollständig abkühlen lassen. Die Kirschen im Mixer fein pürieren, den Sirup, Salz und den Zitronensaft hinzufügen. Die Masse in einen flachen Behälter umfüllen und mindestens 1 Stunde tiefkühlen.
7. Den Schokoladenüberzug zubereiten: Die Schokolade in einer Schüssel über einem Topf mit leise köchelndem Wasser schmelzen. Herunternehmen und mit dem Kokosöl verquirlen, bis eine Emulsion entsteht.
8. Die Kirschgranita mit einer Gabel durchrühren. Zurück ins Tiefkühlfach stellen.
9. Die Kokosnussschalen aus dem Tiefkühlfach holen und einen großen Löffel Kokossorbet in die Mitte jeder Schalenhälfte setzen. Vorsichtig den flüssigen Schokoladenüberzug mit einem Löffel darübergießen (falls nötig, zunächst erneut verquirlen). Zum Härten 2 Minuten ins Tiefkühlfach stellen.
10. Die halbierten Kirschen in einem feinen Sieb über schwacher Glut grillen, bis sie warm und leicht rauchig sind und Saft abgeben.
11. Die Granita aus dem Tiefkühlfach holen, noch einmal mit einer Gabel auflockern und rund um das Sorbet verteilen. Mit den Kirschen garnieren und sofort servieren.

KATEGORIE *süß*

HOLZ
Kirsche

TEMPERATUR
mittlere bis intensive Glut, heiße Asche, schwache Glut

AUSRÜSTUNG
Säge, Eismaschine

ZUTATEN

2 Kokosnüsse von etwa 1,2 kg (siehe Anmerkungen)

150 g Glukosesirup

100 g reife Süßkirschen, gewaschen, entsteint und halbiert

Für den Schokoladenüberzug

100 g Bitterschokolade (mindestens 60 % Kakaoanteil)

50 g Kokosöl

Für die Kirschgranita

75 g Zucker

250 g reife Süßkirschen, gewaschen und entsteint

1 Prise Meersalz

1 Spritzer Zitronensaft

ANMERKUNGEN

Die Kokosmischung braucht Zeit zum Abkühlen, daher mindestens 8 Stunden vorher anfangen.

Frische Kokosnüsse sollten für ihre Größe schwer wirken.

Rhabarber-Vanille-Marshmallows

ERGIBT 24 MARSHMALLOWS

Mit Freunden um ein Feuer sitzen, Geschichten erzählen und gemeinsam etwas erleben – was gibt es Schöneres? Und es gibt kein besseres Dessert am Lagerfeuer als geröstete Marshmallows. Hier kommt ein Rezept, das mir mein Kollege Rob Kabboord, Küchenchef im *Quay* in Sydney, freundlicherweise überlassen hat. Ich finde es großartig, wie die Säure des Rhabarbers die Süße der Marschmallows bezwingt.

1. Die Vanilleschote aufschneiden, die Samen ausschaben, dann Schote und Samen zusammen mit dem Rhabarber und 100 g von dem Zucker in einen Topf geben. Deckel auflegen und bei niedriger Temperatur unter gelegentlichem Rühren garen, bis der Rhabarber wirklich weich ist. Im Mixer pürieren und durch ein feines Sieb streichen.
2. Die Gelatine 5 Minuten in kaltem Wasser einweichen.
3. Die Hälfte des Rhabarberpürees in einen Topf gießen und zum Kochen bringen. Den Topf vom Herd nehmen, die Gelatine ausdrücken und mit dem Rhabarber verrühren, bis sie sich aufgelöst hat. Das restliche Rhabarberpüree einrühren.
4. Den restlichen Zucker mit 125 ml Wasser in einem Topf auf 120 °C erhitzen.
5. Den Topf vom Herd nehmen, 1 Minute warten und das Rhabarberpüree hinzufügen.
6. Die Eiweiße mit einer Prise Salz aufschlagen, bis sich feste Spitzen bilden.
7. Das Rhabarberpüree und den Sirup portionsweise unter ständigem Schlagen hinzufügen, bis alles eingearbeitet und die Masse so fest ist, dass sie ihre Form behält.
8. Den Puderzucker mit der Speisestärke vermengen. Ein Backblech mit Backpapier auslegen und dünn mit der Mischung bestäuben.
9. Die Marshmallowmasse in einer 3 cm dicken Schicht auf dem Backblech verteilen und mit der Puderzucker-Stärke-Mischung bestreuen (ein bisschen zurückbehalten). Für mindestens 8 Stunden oder über Nacht in den Kühlschrank stellen.
10. Die Zutaten für das Brausepulver miteinander vermischen. Ein großes Messer mit der restlichen Puderzucker-Stärke-Mischung bestreuen und die Marshmallowmasse in Würfel schneiden. Die Würfel in der Brausepulvermischung wälzen und über offenem Feuer rösten.

KATEGORIE *süß*

HOLZ
jedes

TEMPERATUR
schwache Glut

AUSRÜSTUNG
Küchenthermometer

ZUTATEN

½ Vanilleschote

200 g Rhabarberstangen, geschält und grob gehackt

500 g Zucker

7 Blatt Gelatine

4 große Eiweiß

1 Prise Salz

3 EL Puderzucker

2 EL Speisestärke

Für die Brausepulvermischung

100 g Puderzucker

1 TL Zitronensäure

1 TL Backpulver

ANMERKUNG

Die Marshmallow-Mischung braucht Zeit zum Festwerden, deshalb mindestens 8 Stunden vorher beginnen.

Quitten

Mascarpone, Pistazien

FÜR 4 PERSONEN

Der Duft reifer Quitten ist betörend: ein Wohlgeruch von Vanille, Zitrus und Apfel, der von den herbstlichen Schätzen tief im Innern zeugt. Ihre säuerliche Adstringenz lässt erkennen, dass die Frucht roh nicht besonders gut schmeckt, aber langsam gegart verändert sie nicht nur ihre blassgelbe Farbe zu einem hellen Rubinrot, sondern gewinnt auch eine wunderbar eindringliche Süße im Geschmack. Der frische Mascarpone bildet den perfekten Ausgleich zu den Honignoten des Met.

1. Die Quitten schälen, halbieren und die Kerngehäuse herausschneiden; Schalen und Kerngehäuse in ein Stück Mulltuch wickeln.
2. Das Mulltuch in einen großen Topf legen. Die Vanilleschote aufschneiden, die Samen herausschaben und zusammen mit der Schote, 250 ml Wasser, dem Met, Honig, Zimtstange und Orangenschale in den Topf geben.
3. Die Quitten in die Flüssigkeit legen und bei schwacher Hitze etwa 6 Stunden köcheln lassen, bis sie burgunderrot und sehr weich sind.
4. Die Glut vorbereiten und einen Grillrost etwa 15 cm darüber anbringen.
5. Einige Rosmarinnadeln in den Quittentopf legen (Stängel für später beiseitelegen). Den Topf vom Herd nehmen und die Quitten in der Pochierflüssigkeit abkühlen lassen.
6. Die Flüssigkeit in einen Topf abgießen und kochen lassen, bis sie zu einem Sirup reduziert ist.
7. Währenddessen die Quitten mit der Schnittseite nach unten grillen, dabei die Rosmarinstängel auf die Glut legen, damit sie ihr harziges Aroma an die Quitten abgeben. Die Quitten mit dem reduzierten Sirup bestreichen.
8. Die Quitten mit Mascarpone, geriebenen Pistazien und Rosmarinblüten servieren.

KATEGORIE *süß*

HOLZ
Apfel

TEMPERATUR
mittlere Glut

AUSRÜSTUNG
Mulltuch, Grillrost

ZUTATEN

4 Quitten

½ Vanilleschote

750 ml Met (Honigwein)

20 g Honig

1 Zimtstange

abgeriebene Schale von 1 unbehandelten Orange

½ Bund blühender Rosmarin, Blüten abgezupft

Mascarpone oder rauchiger Mascarpone (siehe Seite 225)

Pistazienkerne zum Servieren

ANMERKUNG

Die Quitten brauchen viel Zeit zum Garen, deshalb mindestens 6 Stunden vorher beginnen.

Birnen-Bellini mit Zitronenthymian

FÜR 1 PERSON

Dieser frische und fruchtige Bellini ist ein Drink für alle Jahreszeiten: Der Weinbrand wärmt im Winter die Seele, der spritzige Prosecco erfrischt den Gaumen im Sommer.

1. Die Glut vorbereiten und einen Grillrost 15 cm darüber anbringen.
2. Das Birnenpüree zubereiten: Die Birne mit der Schnittseite nach unten grillen, bis sie Farbe annimmt. Mit 50 ml Wasser und dem Zucker in einem Topf zum Kochen bringen und 20 Minuten pochieren, bis sie weich ist. Vom Herd nehmen und mit dem Stabmixer glatt pürieren. Durch ein feines Sieb passieren und kalt stellen.
3. Den Cocktail zubereiten: Weinbrand, Zitrone und Birnenpüree in einen Cocktail-Shaker geben und schütteln.
4. In ein Champagnerglas abseihen, mit Prosecco auffüllen und mit dem Thymianzweig garnieren.

KATEGORIE *Getränke*

HOLZ
Apfel oder Birne

TEMPERATUR
mittlere Glut

AUSRÜSTUNG
Grillgitter, Cocktail-Shaker

ZUTATEN

Für den Cocktail

30 ml Weinbrand

15 ml frisch gepresster Zitronensaft

2 EL Birnenpüree

100 ml Prosecco

1 Zweig Zitronenthymian

Für das Birnenpüree

1 Birne, halbiert und entkernt

50 g brauner Zucker

Pisco Sour

FÜR 1 PERSON

Ein guter Pisco Sour gehört zu meinen Lieblingsdrinks. Durch das Grillen wird die Zitrone karamellisiert und weniger herb, sodass mein Pisco eher süßsauer gerät. Ich bevorzuge im Eichenfass ausgebauten chilenischen Pisco, der milder schmeckt als peruanischer, sodass man mit sehr wenig Zucker auskommt.

1. Die Glut vorbereiten und einen Grillrost 10 cm darüber anbringen.
2. Die Zitronenhälften mit der Schnittseite nach unten grillen, bis sie leicht karamellisiert sind.
3. Pisco, Zuckersirup und Eiweiß mit viel Eis in einen Cocktail-Shaker geben.
4. Die gegrillte Zitrone über das Eis im Shaker pressen; kräftig schütteln.
5. In ein gekühltes Glas abseihen, einen Spritzer Angostura hinzugeben und servieren.

KATEGORIE *Getränke*

HOLZ
Obstholz

TEMPERTAUR
mittlere Glut

AUSRÜSTUNG
Grillgitter, Cocktail-Shaker

ZUTATEN

1 unbehandelte Zitrone, halbiert

60 ml Pisco, etwa doppelt destillierter, im Eichenfass ausgebauter Capel

15 ml Zuckersirup

1 Eiweiß

Eiswürfel

3 Tropfen Angostura

Ingwer-Daiquiri

FÜR 1 PERSON

Der Daiquiri hat einen schlechten Ruf – oft ähnelt er eher einer Süßigkeit für Kinder. Seine wahre Schönheit liegt in der sorgfältigen Balance dreier einfacher Zutaten: Rum, Limettensaft und Zucker. Gegrillter Ingwer verleiht ihm aromatische Wärme.

1. Rum, Limettensaft und Ingwersirup mit Eis in einen Cocktail-Shaker geben und gut schütteln.
2. In ein gekühltes Glas abseihen und den Rand mit einer Limettenscheibe garnieren.

KATEGORIE *Getränke*

AUSRÜSTUNG
Cocktail-Shaker

ZUTATEN

60 ml alter Rum

30 ml Limettensaft

15 ml Ingwersirup (siehe Seite 243)

1 Limettenscheibe zum Garnieren

Poblano-Caipirinha

FÜR 1 PERSON

Dieser Drink vereint den typischen Geschmack von Cachaça mit rauchigen, grasigen Nuancen gegrillter Poblano-Chilischoten. Die süße Würze von Kreuzkümmel rundet diesen erfrischenden Cocktail ab.

1. Die Glut vorbereiten und einen Grillrost 15 cm darüber anbringen.
2. Die Limettenhälften, Schnittseite nach unten, und die Poblano-Chilischoten grillen, bis sie karamellisiert und leicht geschwärzt sind.
3. Die Chilischoten in drei Stücke schneiden und 2 Stunden im Cachaça ziehen lassen.
4. Den Kreuzkümmelsirup zubereiten: Den Zucker mit 200 ml Wasser und den Kreuzkümmelsamen zum Kochen bringen. 10 Minuten köcheln lassen, vom Herd nehmen und vollständig abkühlen lassen.
5. Cachaça, Limettensaft, Kreuzkümmelsirup und Eiswürfel in einen Cocktail-Shaker geben und gut schütteln.
6. In ein gekühltes Cocktailglas abseihen und mit dem Poblano-Schnitz garnieren.

KATEGORIE *Getränke*

HOLZ
Eiche

TEMPERATUR
mittlere bis intensive Glut

AUSRÜSTUNG
Grillgitter, Cocktail-Shaker

ZUTATEN

Für den Cocktail

60 ml Poblano-Cachaça

30 ml Saft aus gegrillter Limette

10 ml Kreuzkümmelsirup

Eiswürfel

1 Stück Poblano-Chilischote zum Garnieren

Für den Saft aus gegrillter Limette

1 Limette, halbiert

Für den Poblano-Cachaça (ergibt 700 ml)

3 Poblano-Chilischoten

700 ml Cachaça

Für den Kreuzkümmelsirup (ergibt 300 ml)

200 g brauner Zucker

1 TL Kreuzkümmelsamen

Eistee mit gegrilltem Pfirsich

FÜR 4 PERSONEN

Es gibt nichts Erfrischenderes als eine Tasse Eistee, und hier präsentiere ich Ihnen einen tollen Durstlöscher für heiße Tage. Die floralen Noten des French Earl-Grey mit Hibiskus, Sonnenblume und Rosenblättern passen gut zu gegrilltem Pfirsich, der ja auch zur Familie der Rosengewächse gehört.

1. Die Glut vorbereiten und einen Grillrost etwa 15 cm darüber anbringen.
2. In einem Topf 1 l Wasser zum Kochen bringen. Vom Herd nehmen, die Teeblätter hinzufügen und 2 Minuten ziehen lassen. Den Tee in einen großen Krug abgießen.
3. Agavensirup und Zitronenthymianzweige hinzufügen und umrühren.
4. Die Hälfte der Eiswürfel hinzufügen und alles abkühlen lassen.
5. Die Pfirsichhälften mit der Schnittseite nach unten grillen, bis sie karamelisiert und leicht verkohlt sind. Vom Grill nehmen und jede Hälfte in vier Scheiben schneiden. Die Pfirsichscheiben in den Tee geben.
6. Den Zitronensaft und das restliche Eis einrühren. Sofort servieren.

KATEGORIE *Getränke*

HOLZ
Pfirsich

TEMPERATUR
mittlere bis intensive Glut

AUSRÜSTUNG
Grillgitter

ZUTATEN

5 g French Earl-Grey-Tee

600 ml Agavensirup

3 Zitronenthymianzweige

1 kg Eiswürfel

2 gelbe Pfirsiche, halbiert und entsteint

120 ml frisch gepresster Zitronensaft

Kastanien-Negroni

FÜR 1 PERSON

Der Negroni erfreut sich zunehmender Beliebtheit, sein bittersüßes, botanisches Aroma bezaubert den kultivierten Schluckspecht. Hier wird der italienische Cocktail par excellence mit Kastanien kombiniert. Der Kastaniensirup hält sich im Kühlschrank bis zu sechs Wochen.

1. Die Glut vorbereiten.
2. Die harte Schale der Kastanien mit einem Messer rundherum einschneiden. Dadurch kann Dampf beim Rösten entweichen, und die Kastanien lassen sich später leichter schälen. Die Kastanien 30 Minuten in einem feinen Sieb rösten und ab und zu durchschütteln. Abkühlen lassen.
3. Die Kastanien schälen. Mit 500 ml Wasser in einem Topf zum Kochen bringen und 10 Minuten köcheln lassen. Den Zucker hinzufügen und alles 5 Minuten bei mittlerer Temperatur kochen lassen, bis man einen Sirup erhält. Vom Herd nehmen, abkühlen lassen, dann in den Kühlschrank stellen.
4. Den Negroni zubereiten: Gin, Campari, Wermut und Kastaniensirup über Eiswürfeln in einen gekühlten Tumbler gießen und 30 Sekunden verrühren. Mit der Orangenschale garnieren und servieren.

KATEGORIE *Getränke*

HOLZ
Kastanie

TEMPERATUR
intensive Glut

ZUTATEN

30 ml Gin

30 ml Campari

30 ml süßer Wermut

Eiswürfel

1 langer Streifen Orangenschale zum Garnieren

Für den Kastaniensirup (ergibt 500 ml)

100 g Kastanien

200 g Zucker

005

Milchprodukte

In der Glut gebackener Käse

FÜR 4 PERSONEN

Käse ist ein saisonales Produkt, das vergisst man gern. Dabei spielt es für guten Käse eine große Rolle, was die Tiere zu fressen bekommen. Ein Vacherin Mont-d'Or beispielsweise wird nur in den Wintermonaten hergestellt, wenn die Kühe von der *alpage* (Alm) herunterkommen und ihre Nahrung aus Heu statt aus frischem Gras besteht. Weil dieser Käse in einem Gebinde aus Fichtenholz reift, entwickelt er ein nussiges Aroma und eine Reichhaltigkeit, die ihn dafür prädestinieren, in der schwelenden Glut eines Feuers zu backen.

KATEGORIE *herzhaft*

HOLZ
Steinobst

TEMPERATUR
schwache Glut

ZUTATEN

1 Vacherin Mont-d'Or oder ein ähnlicher cremiger Käse in einer Holzschachtel

5 Rosmarinzweiglein

1. Die Glut vorbereiten.
2. Die Plastikteile der Verpackung entfernen, sodass der Käse nur noch von Fichtenholz umgeben ist.
3. Mit der Spitze eines kleinen Messers sechs gleichmäßig verteilte Einschnitte in den Käse machen und in jeden einen kleinen Rosmarinzweig stecken.
4. Ein kleines Glut-Bett direkt unter dem Käse und um ihn herum bereiten und den Käse in der Spanschachtel 10–12 Minuten backen, bis er innen warum und flüssig ist. Am besten isst man ihn mit einem Löffel.

Rauchiger Ricotta

ERGIBT 500 GRAMM

Das Schöne an Ricotta ist seine Vielseitigkeit. Er kann in süßen und pikanten Gerichten verwendet werden, kann weich oder fest sein und frisch oder gegart serviert werden. Der italienische Molkenkäse ist ursprünglich ein Nebenprodukt der Käseherstellung (*ricotta* bedeutet »nochmals gekocht«), und es gibt ihn seit der Bronzezeit.

Es gibt verschiedene Arten von Ricotta, darunter interessanterweise eine geräucherte (*affumicata*) Variante, die im Rauch von Eichen-, Birken- oder Kastanienholz liegt, bis sie eine intensive, dunkle Kruste entwickelt.

Wir beschreiten hier einen anderen Weg. Um einen weichen, cremigen Käse zu erzeugen, verwenden wir als Ausgangsprodukt geräucherte Sahne, wodurch eine feine Harmonie zwischen dem Aroma des Holzes und dem Geschmack der Milch gewährleistet ist.

1. Die Milch und die geräucherte Sahne in einem großen Topf auf 90 °C erhitzen und leicht rühren, damit nichts anbrennt.
2. Vom Herd nehmen und den Zitronensaft hinzufügen. Sofort einmal umrühren, um den Zitronensaft gleichmäßig zu verteilen, nicht mehr. Wenn man zu viel rührt, hätte das kleinere und sehr körnige Gerinnsel im Ricotta zur Folge.
3. 10–15 Minuten stehen lassen, damit sich die Käsemasse von der Molke trennen kann.
4. Vorsichtig Käsemasse und Molke in ein feines, mit einem Passiertuch ausgelegtes Sieb über einer Schüssel gießen.
5. Mindestens 2 Stunden abtropfen lassen. Die Konsistenz des Ricotta prüfen – er sollte cremig sein. Die Molke für andere Zwecke (etwa zum Backen, in Saucen oder Salzlake) aufheben.
6. Vor dem Servieren den Ricotta nach Belieben salzen und mit abgeriebener Schale und Saft der halben Zitrone würzen.

KATEGORIE *Basics*

HOLZ
Kastanie

TEMPERATUR
schwache Glut, indirekt

AUSRÜSTUNG
Küchenthermometer, Passiertuch

ZUTATEN

750 ml Vollmilch

125 ml geräucherte Sahne (siehe Seite 225)

2 EL frisch gepresster Zitronensaft

Meersalz

abgeriebene Schale und Saft von ½ unbehandelten Zitrone

ANMERKUNGEN

Frischer Ricotta schmeckt am Tag der Herstellung am besten, hält sich aber im Kühlschrank bis zu 4 Tagen.

Die Molke hält sich ebenfalls bis zu 4 Tagen im Kühlschrank oder bis zu 6 Monaten im Tiefkühlfach.

Rauchiger Mascarpone

ERGIBT 300 GRAMM

Frischer Mascarpone mit seiner cremigen Fülle und der leichten Säure kann in einer Vielzahl von süßen und pikanten Gerichten verwendet werden.

1. Die geräucherte Sahne in einem Topf vorsichtig auf 85 °C erhitzen. Zitronensaft hinzufügen, rühren, damit er sich verteilt, und die Temperatur von 85 °C 5 Minuten lang beibehalten, bis die Mischung eindickt.
2. Den Topf vom Herd nehmen und die Käsemasse 40 Minuten abkühlen lassen.
3. Vorsichtig in ein feines, mit einem Passiertuch ausgelegtes Sieb über einer Schüssel abgießen und über Nacht im Kühlschrank abtropfen lassen.
4. Den Mascarpone in einen sauberen Behälter umfüllen.

KATEGORIE *Basics*

HOLZ
Steinobst

TEMPERATUR
schwache Glut

AUSRÜSTUNG
Küchenthermometer, Passiertuch

ZUTATEN

500 ml geräucherte Sahne (siehe unten)

1 EL Zitronensaft

ANMERKUNGEN

Der Mascarpone muss über Nacht im Kühlschrank ruhen, deshalb mit der Zubereitung am Vortag beginnen.

Der rauchige Mascarpone hält sich im Kühlschrank bis zu 8 Tagen.

Geräucherte Sahne

ERGIBT 1 LITER

Geräucherte Sahne verwende ich als Basis für viele Zubereitungen, von Butter bis zu Eiscreme. Wegen ihres hohen Fettgehalts ist Sahne eine gute Trägersubstanz für den Rauchgeschmack. Es empfiehlt sich ein leichtes Obstholz mit einem milderen, süßeren Aromaprofil, damit der Rauch nicht den natürlichen Geschmack der Sahne überdeckt.

1. In einem kalten Holzofen ein Feuer mit einem kleinen Stück Holz anzünden. 30 Minuten zu einem kleinen Bett glühender Kohlen herunterbrennen lassen.
2. 500 ml Sahne in eine flache Schale gießen und in den Ofen stellen. Ein kleines Stück Holz auf die Glut legen und die Tür rasch schließen. Eine dünne Rauchfahne sollte aus dem Ofen aufsteigen.
3. Die Sahne 5 Minuten im Rauch stehen lassen.
4. Die Ofentür öffnen, die restliche Sahne hinzufügen und umrühren.
5. Die Sahne weitere 5 Minuten räuchern, dann probieren, um festzustellen, ob sich der gewünschte ausgewogene Effekt eingestellt hat.
6. Die Sahne durch ein feines Sieb gießen und sofort kalt stellen. Im Kühlschrank hält sie sich bis zu 5 Tagen.

KATEGORIE *Basics*

HOLZ
Apfel oder Pflaume

TEMPERATUR
schwache Glut, indirekt

AUSRÜSTUNG
Holzofen

ZUTATEN

1 l Sahne (mindestens 45 % Fettgehalt, nicht homogenisiert)

Rauchige Butter

ERGIBT 400 GRAMM

In meiner Kindheit in England und bei meiner Ausbildung in Frankreich gehörte Butter zu den wichtigsten Zutaten; sie kam in so gut wie jedem Gericht vor und wurde zu jeder Mahlzeit gereicht. Ich hatte zwar schon oft Sahne zu lange geschlagen, aber wirklich Butter selbst zu machen war lange Zeit kein Thema. Erst in Spanien, wo alles mit Olivenöl zubereitet wird, wollte ich der Sache weiter nachgehen. Im Baskenland mit seinen Kühen, Schafen und Ziegen gibt es eine große Milchindustrie, aber sie produziert Käse, keine Butter. Also fuhren wir sieben Stunden zu einem kleinen Bauernhof am Stadtrand von Nantes, wo wir mit einer alten Hausfrau verabredet waren, die ihre grasgefütterten Kühe melkte, um die Milch zu verkaufen, den Rahm aber abschöpfte, um selbst Butter zu machen. Natürlich auftretende Milchsäurebakterien sorgten für eine Reifung des Rahms und verliehen ihm ein schönes Aroma. Während sie auf einem Schemel saß und den Rahm bearbeitete, bestand ihre Ausrüstung aus einer traditionellen Holzschüssel und ihrer Hand. Wir sahen zu, wie der Rahm ihr unter der Hand gerann und sich Buttermilch absetzte. Die Farbe wurde immer tiefer, die Butter gelber.

Die Herstellung guter Butter ist ein einfacher Prozess, aber man muss eine bestimmte Reihenfolge beachten. Um in Sachen Geschmack, Konsistenz und Aussehen beste Ergebnisse zu erzielen, muss man schnell und präzise sein.

KATEGORIE *Basics*

ZUTATEN

1 l geräucherte Sahne (siehe Seite 225)

Fleur de Sel oder Meersalz

ANMERKUNGEN

Rechtzeitig beginnen: Die geräuchterte Sahne mindestens 36 Stunden reifen.

Die Butter sollte gut verpackt an einem kühlen, dunklen Ort und von intensiv schmeckenden Lebensmitteln entfernt aufbewahrt werden, damit sie nicht ranzig wird oder unerwünschte Gerüche annimmt. Sie wird am besten bei 14 °C serviert.

1. Die geräucherte Sahne in eine große Schüssel gießen und 36 Stunden an einem kühlen Ort (6–8 °C) stehen lassen.
2. Mit einem Schneebesen steif schlagen und weiterschlagen, bis die Sahne kurz davor steht, sich zu trennen. Den Schneebesen herausnehmen.
3. Die Sahne mit der sauberen Hand weiter durchmischen; die Körpertemperatur der Hand wird zur Trennung der Sahne beitragen. Die Mischung wird lockerer und zerfällt zu Klümpchen, dem Butterkorn. Es entwickelt sich ein sonniges Gelb, von dem sich die weiße Buttermilch absetzt.
4. Die Buttermilch abgießen und zur späteren Verwendung (siehe Seiten 114, 124 und 201) aufheben.
5. Die Butter mit den Händen kneten und weitere Buttermilch herauspressen. Die Butter in einen Behälter abstreichen und mit gekühltem Wasser bedecken, wodurch die Butter gespült, abgekühlt und leicht gefestigt wird. So lässt sie sich leichter verarbeiten. 5 Minuten stehen lassen, bevor das Wasser abgegossen wird.
6. Diesen Vorgang zweimal wiederholen, bis das Wasser völlig klar abläuft.
7. Die Butter mit den Händen zusammennehmen, überschüssiges Wasser auspressen und die Butter in eine saubere Schüssel geben. Mit Salz abschmecken, das restliche Wassertropfen herausziehen wird.
8. In Backpapier einwickeln und bis zum Verzehr in den Kühlschrank legen. Man kann sie zur entsprechenden Jahreszeit als dekadenten Gaumenschmaus auf geröstetem Brot mit darübergehobeltem Spänen von schwarzer Trüffel genießen.

006

Getreide

Helles Brot

ERGIBT 1 LAIB VON 800 GRAMM

Sauerteig enthält Milchsäurebakterien und Hefepilze, deren Stoffwechselprodukte dafür sorgen, dass Brot aufgeht. Sie verbessern außerdem Aroma, Geschmack und Haltbarkeit. Und so ein Sauerteig hat ein langes Leben. Ich habe meinen vor sechs Jahren angesetzt und dazu als Basis Roggenmehl und – weil wir damals an der Sunshine Coast von Queensland lebten – Ananassaft verwendet. Das Schöne an Sauerteig ist, dass er mit Hefen, Mehl, Luft und Wasser die einzigartige Geschichte einer Zeit und eines Orts erzählt. Und wie eine gute Geschichte kann man ihn an Freunde oder Angehörige weitergeben, die ihn zu ihrem eigenen machen, indem sie weitere Schichten hinzufügen, bevor sie ihn ihrerseits weitergeben.

Es gibt nichts Besseres als Brotbacken, um die Qualität ganz einfacher Zutaten schätzen zu lernen. Brotbacken ist außerdem ein magischer Prozess, bei dem Mehl und Wasser sich durch Gärung grundlegend verwandeln. Ich finde es wundervoll, wie sich die nussige Fülle des Dinkels hier mit den Karamellnoten des Gerstenmehls verbindet und wie der Holzofen eine unglaublich rauchige und köstliche Kruste erzeugt.

Sauerteig

1. In einem sauberen Behälter 100 g Mehl mit 100 ml Wasser vermengen.
2. An einem kühlen Ort 3 Tage stehen lassen, bis die Mischung Lebenszeichen zeigt und an der Oberfläche Blasen zu sehen sind.
3. Von diesem Sauerteig 100 g abnehmen und mit weiteren 100 ml Wasser und 100 g Mehl vermengen (das nennt man »füttern«). Den Rest entsorgen.
4. Den Sauerteig 1 Tag stehen lassen, dann das Füttern wiederholen. Den Sauerteig alle 12 Stunden füttern, bis er zum Backen stark genug ist. Das prüft man, indem man einen Löffel des Sauerteigs in einen Behälter mit Wasser gibt. Wenn der Teig untergeht, füttert man ihn weiterhin zweimal pro Tag. Wenn er zusammenhält und oben schwimmt, ist er gebrauchsfertig.
5. Der Sauerteig entwickelt sich im Lauf der Zeit weiter. Man sollte nach jeder Verwendung 100 g für zukünftiges Backen aufheben. Falls man mehr braucht, erhöht man beim Füttern einfach die Mehl- und Wassermenge.

KATEGORIE *herzhaft*

HOLZ
Steinobst

TEMPERATUR
schwache Glut, indirekt

AUSRÜSTUNG
runder Gärkorb, Holzofen
Infrarotthermometer, Grillgitter

ZUTATEN

Für den Sauerteig (ergibt 300 g)

600 g Weizen-Vollkornmehl

Für das Brot

80 g Sauerteig (siehe oben)

250 g Weizen-Vollkornmehl

100 g Dinkelmehl

50 g Gerstenmehl

10 g Salz

20 g Reismehl, zum Bestreuen

ANMERKUNGEN

Den Sauerteig 6 Tage im Voraus zubereiten. Falls man nicht vorhat, täglich Brot zu backen, füttert man ihn einmal nach Verwendung und stellt ihn dann in einem sauberen, verschlossenen Behälter in den Kühlschrank. Wenn man ihn braucht, nimmt man ihn aus dem Kühlschrank und füttert ihn zweimal vor Verwendung, bis er wieder aktiv ist und Blasen wirft.

Das Brot 1 Tag im Voraus zubereiten.

ALTERNATIVE METHODE

Das Brot in einem Dutch Oven auf dem Feuer oder in einem gusseisernen Bräter im auf 250 °C vorgeheizten Backofen backen.

Brot

1. Den Sauerteig mit 200 ml warmem Wasser in einer großen Schüssel vermengen. Das Mehl hinzufügen und alles mit den Händen grob vermischen.
2. Den Teig 15 Minuten stehen lassen, dann kneten, bis er glatt und geschmeidig ist. Mit einem Geschirrtuch bedecken und 30 Minuten ruhen lassen.
3. Das Salz und weitere 80 ml warmes Wasser hinzufügen, was den Teig ein wenig auseinanderfallen lässt. Kneten, bis er wieder glatt ist.
4. Den Teig in eine saubere Schüssel legen, mit einem Geschirrtuch bedecken und 30 Minuten ruhen lassen.
5. Den Teig in der Schüssel mit nassen Händen auseinanderziehen und wieder zusammenfalten, die Enden unterschlagen. Dadurch entwickelt sich das Gluten im Mehl. 30 Minuten ruhen lassen.
6. Das Auseinanderziehen und Falten dreimal wiederholen und dabei den Teig jedes Mal um 90 Grad drehen. Danach den Teig jedes Mal 30 Minuten ruhen lassen.
7. Den Teig vorsichtig auf eine bemehlte Arbeitsfläche legen und behutsam zu einer Kugel formen. Den Gärkorb großzügig mit Reismehl ausstreuen. Den Teig mit der glatten Seite nach unten hineinlegen. Mit einem Geschirrtuch bedecken, damit sich oben keine Haut bildet. Den Teig 1 Stunde gehen lassen, bis er sein Volumen verdoppelt hat, dann für 12 Stunden in den Kühlschrank stellen.
8. Ein Feuer im Holzofen machen. Brennen lassen, bis das Feuer erlischt und eine schwache Glut entsteht. Man braucht im unteren Teil des Ofens eine Temperatur von 250 °C.
9. Den Teig aus dem Kühlschrank holen und 3 Stunden lang Zimmertemperatur annehmen lassen.
10. Den Teig vorsichtig auf ein Stück Backpapier legen und auf der Oberseite mit einem scharfen Messer parallel einschneiden.
11. Das Brot in den Ofen schieben und die Tür sofort schließen.
12. Nach 20 Minuten entweder die Ofentür leicht öffnen oder die Glut auseinanderschieben, um die Temperatur etwas zu verringern. Das Brot weitere 30 Minuten backen; es sollte jetzt eine tiefbraune Kruste haben. Um zu prüfen, ob das Brot fertig ist, auf seine Unterseite klopfen – es sollte hohl klingen. Vorsichtig aus dem Ofen nehmen und auf einem Gitter abkühlen lassen.

Dunkles Brot

ERGIBT 1 LAIB VON 500 GRAMM

Letztes Jahr war ich in Tallinn als Redner zu einer Konferenz eingeladen, bei der Küchenchefs aus dem Baltikum mit Kollegen aus der ganzen Welt zusammenkamen. Ich war zum ersten Mal dort, fühlte mich aber an Australien erinnert, weil auch Estland eine Küche entwickelt hat, die viele Anleihen bei anderen Kulturen macht, besonders Deutschland, Schweden, Dänemark und Russland. Unter den einfachen Speisen aus regionalen Zutaten, die uns gereicht wurden, ragte in meinen Augen das köstliche dunkle Brot hervor, das *rukkileib* genannt wird und eine wichtige Rolle in der estnischen Kultur spielt. Roggen macht das Brot schön fest, Rübensirup, Kakao und Kaffee setzen hier geschmackliche Akzente.

1. Den Sauerteig und 200 ml warmes Wasser in einer großen Schüssel vermengen. Roggen- und Weizenmehl hinzufügen und alles grob vermischen. Mit einem Geschirrtuch bedecken und 30 Minuten ruhen lassen.
2. Leinsamen, Sonnenblumenkerne, Kümmel und Fenchel in einer kleinen Pfanne 4–5 Minuten rösten, bis die Gewürze ihre ätherischen Öle freisetzen.
3. Sirup, braunen Zucker, Kakao, Kaffee, Salz und 280 ml Wasser in einem kleinen Topf bei mittlerer bis schwacher Temperatur unter Rühren erhitzen, bis der Zucker geschmolzen ist. Samen und Gewürze hinzufügen und die Mischung auf Zimmertemperatur abkühlen lassen.
4. Die Mischung zum Teig geben und untermengen. Er wird dadurch weicher. Weiter bearbeiten, bis alles gut verbunden ist.
5. Den Teig in eine saubere Schüssel legen, mit einem Geschirrtuch bedecken und 1 Stunde gehen lassen. Den Teig in der Schüssel mit nassen Händen auseinanderziehen und wieder zusammenfalten, die Enden unterschlagen. Dadurch entwickelt sich das Gluten im Mehl. Den Teig 30 Minuten ruhen lassen.
6. Vorsichtig auf eine bemehlte Arbeitsfläche legen und behutsam zu einer Kugel formen.
7. Den Gärkorb großzügig mit Roggenmehl ausstreuen. Den Teig mit der glatten Seite nach unten hineinlegen. Mit einem Geschirrtuch bedecken, damit sich keine Haut bildet.
8. Den Teig 4 Stunden gehen lassen, bis er sein Volumen verdoppelt hat.
9. Ein Feuer im Holzofen machen. Brennen lassen, bis das Feuer erlischt und eine schwache Glut entsteht. Man braucht im unteren Bereich des Ofens eine Temperatur von 250 °C.
10. Das Brot vorsichtig auf ein bemehltes Backblech legen und auf der Oberseite mit einem scharfen Messer parallel einschneiden. Das Brot in den Ofen schieben und die Tür sofort schließen.
11. Das Brot 25 Minuten backen und dann entweder die Ofentür leicht öffnen oder die Glut auseinanderschieben, um die Temperatur etwas zu verringern. Weitere 20 Minuten backen. Um zu prüfen, ob es fertig ist, auf die Unterseite klopfen – es sollte hohl klingen. Vorsichtig aus dem Ofen nehmen und vor dem Anschneiden vollständig abkühlen lassen.

KATEGORIE *herzhaft*

HOLZ
Eiche

TEMPERATUR
schwache Glut, indirekt

AUSRÜSTUNG
runder Gärkorb, Holzofen, Infrarotthermometer

ZUTATEN

100 g Sauerteig (siehe Seite 232)

100 g Roggenmehl

350 g Weizenvollkorn-Mehl, zzgl. etwas zum Bestreuen

30 g Leinsamen

60 g Sonnenblumenkerne

1 TL Kümmel

1 TL Fenchelsamen

20 g Rübensirup

15 g brauner Zucker

20 g reines Kakaopulver

1 EL Kaffeebohnen, fein gemahlen

2 TL Salz

ALTERNATIVE METHODE

Das Brot in einem Dutch Oven auf dem Feuer oder in einem gusseisernen Bräter im auf 250 °C vorgeheizten Backofen backen.

Fladenbrot

Forellenkaviar, Crème fraîche

ERGIBT 10 STÜCK

Fladenbrot gab es schon lange vor dem ersten Backofen – zum Garen braucht es nur eine heiße Fläche. Die Geschichte des Brotes reicht zurück bis in die Jungsteinzeit, als Teigklumpen auf heißen Steinen gebacken wurden, die man in die Glut eines Holzfeuers legte. In der Hitze der Glut geht das Brot auf, und es entstehen dunkle Blasen, die eine rauchige Note beisteuern.

KATEGORIE *herzhaft*

HOLZ
Eiche

TEMPERATUR
mittlere bis intensive Glut, indirekt

AUSRÜSTUNG
Grillrost

ZUTATEN

300 g Weizenmehl, zzgl. etwas zum Bestreuen

300 g Sauerteig (siehe Seite 232)

½ TL Fenchelsamen, geröstet

½ TL Meersalz, zzgl. etwas zum Abschmecken

200 g Crème fraîche

abgeriebene Schale und Saft von ½ unbehandelten Limette

200 g Forellenkaviar

½ Bund blühender Rucola

1. Die Glut vorbereiten und einen Grillrost etwa 10 cm darüber anbringen.
2. Das Mehl und den Sauerteig in einer großen Schüssel vermengen und zu einem weichen Teig verkneten.
3. Mit einem Geschirrtuch bedecken und 20 Minuten ruhen lassen. Die gerösteten Fenchelsamen, Salz und 2 EL warmes Wasser hinzufügen, was den Teig ein wenig auseinanderfallen lässt. Die Mischung kneten, bis der Teig wieder zusammenkommt.
4. Auf einer leicht bemehlten Arbeitsfläche 10 Minuten kneten, bis der Teig glatt und geschmeidig ist.
5. Den Teig in 10 Portionen von 60 g aufteilen, zu Kugeln formen und leicht flach drücken. Auf einer bemehlten Arbeitsfläche jede Portion etwa 15 cm groß ausrollen.
6. Die Fladenbrote portionsweise auf dem Rost auf jeder Seite 2 Minuten grillen und wenden, sobald sie aufgegangen und gebräunt sind.
7. Fertig gebackene Brote auf ein Backblech legen und unter einem Geschirrtuch warm halten.
8. Die Crème fraîche mit Schale und Saft der Limette vermischen. Mit Salz abschmecken.
9. Die Fladenbrote mit Tupfen der Crème fraîche servieren und mit Forellenkaviar, Rucola und Rucolablüten servieren.

007

Basics

Hühnerbrühe

ERGIBT 2 LITER

1. Die Hühnerknochen und -flügel gründlich in kaltem Wasser waschen. Abtropfen lassen und mit 4 l Wasser in einem großen, schweren Topf aufsetzen.
2. Zum Kochen bringen und den Schaum abschöpfen, der an die Oberfläche steigt.
3. Die übrigen Zutaten hinzufügen, die Temperatur reduzieren und die Brühe 2 Stunden köcheln lassen. Gelegentlich Schaum entfernen.
4. Die Brühe vom Herd nehmen, durch ein feines Sieb in einen sauberen Behälter abgießen. Abkühlen lassen, dann für 6 Stunden in den Kühlschrank stellen. Das Fett entfernen, das sich an der Oberfläche absetzt. Die Brühe hält sich bis zu 3 Tagen im Kühlschrank und bis zu 2 Monaten im Tiefkühlfach.

ZUTATEN

2 Hühnerkarkassen

1 kg Hühnerflügel

2 Zwiebeln, geschält und geviertelt

4 Möhren, geschält und halbiert

4 Stangen Staudensellerie, halbiert

4 Knoblauchzehen, geschält

4 Stängel Petersilie

Salzlake, 5 %

ERGIBT 5 LITER

Das Einlegen bestimmter Fleischstücke in Salzlake kann sinnvoll sein, weil der Prozess der Osmose selbst nach dem Garen dafür sorgt, dass das Fleisch Flüssigkeiten besser aufnimmt. Das Salz trägt dazu bei, Eiweißstoffe abzubauen, wodurch das Fleisch zarter und saftiger wird. Man muss dabei allerdings genau wissen, was man tut, denn falls die Salzkonzentration zu hoch ist oder das Fleisch zu lange in der Lake ruht, kann es ungenießbar werden.

1. Das Salz in einem großen Topf mit 2 l Wasser vermischen.
2. Zum Kochen bringen und rühren, bis sich das Salz aufgelöst hat.
3. Den Topf vom Herd nehmen und weitere 3 l Wasser hinzugießen. Abkühlen lassen und in den Kühlschrank stellen, damit die Salzlake vor der Verwendung gut durchgekühlt ist.

ZUTATEN

250 g nicht jodiertes Speisesalz

Tomatenwasser

ERGIBT 200 ML

Gut und in der richtigen Jahreszeit gemacht, fängt das Tomatenwasser die Essenz der Tomaten mit ihrem einzigartigen Gleichgewicht von Süße und Säure ein. Es kann wie Gemüsebrühe eingesetzt werden, aber auch Dressings und Saucen leichter machen.

1. Gehackte Tomaten, Fenchel, Sellerie und eine Prise Salz mit einem Mixstab pürieren.
2. In ein mit einem Passiertuch ausgelegtes Sieb geben. Eine große Schüssel darunterstellen. Die Masse etwa 1 ½ Stunden abtropfen lassen.
3. Das Tomatenwasser in einen sauberen Behälter umfüllen und in den Kühlschrank stellen. Dort hält es sich 3 Tage.

AUSRÜSTUNG

Passiertuch

ZUTATEN

500 g Kirschtomaten, gehackt

80 g Fenchelknolle, grob gehackt

¼ Stange Staudensellerie, grob gehackt

1 Prise Meersalz

Geräuchertes Wasser

ERGIBT 1 LITER

Ja, man kann tatsächlich Wasser räuchern. So verleiht es einer Gemüsebrühe größere Tiefe, macht Schokoladenganache leichter (siehe Seite 204) und sogar für Cocktails kommt es zum Einsatz. Es wird in gefrorenem Zustand geräuchert; die Eiswürfel vergrößern die Oberfläche, auf die der Rauch einwirken kann, und sorgen außerdem dafür, dass während des Räucherns nichts verdunstet.

1. In einem kalten Holzofen ein Feuer mit einem kleinen Stück Obstholz anzünden. 30 Minuten zu einem kleinen Bett glühender Holzkohle herunterbrennen lassen.
2. In eine flache Schale 500 ml Wasser gießen und in den Ofen stellen. Ein kleines Stück Obstholz auf die Glut legen und die Tür rasch schließen. Eine dünne Rauchfahne sollte aus dem Ofen aufsteigen. Das Wasser 4 Minuten im Rauch stehen lassen.
3. Die Ofentür öffnen und das Eis zu dem Wasser in der Schale geben. Weitere 4 Minuten räuchern.
4. Durch ein feines Sieb gießen und sofort kalt stellen.

HOLZ
Obstholz

TEMPERATUR
schwache Glut, indirekt

AUSRÜSTUNG
Holzofen

ZUTATEN
500 g Eiswürfel

Geräuchertes Öl

ERGIBT 300 ML

Öl absorbiert Rauch bereitwillig und kann beispielsweise zum Garen (wie bei der Eiercreme, Seite 80) oder in einem Dressing verwendet werden. Es ist jedoch wichtig, das Öl während des Räucherns nicht über 80 °C zu erhitzen, weil sonst die zarten Aromen des Obstholzes beeinträchtigt würden.

1. In einem kalten Holzofen ein Feuer mit einem kleinen Stück Obstholz anzünden. 30 Minuten zu einem kleinen Bett glühender Holzkohle herunterbrennen lassen.
2. Das Öl in eine flache Schale gießen und in den Ofen stellen. Ein kleines Stück Obstholz auf die Glut legen und die Tür rasch schließen. Eine dünne Rauchfahne sollte aus dem Ofen aufsteigen.
3. Das Öl 8 Minuten im Rauch stehen lassen. Herausnehmen und abkühlen lassen.
4. Das Öl filtern und in einem gut verschlossenen Gefäß aufbewahren.

HOLZ
Obstholz, am besten Apfel, Orange oder Olive

TEMPERATUR
schwache Glut, indirekt

AUSRÜSTUNG
Holzofen, Küchenthermometer, Filterpapier

ZUTATEN
150 ml Traubenkernöl

150 ml fruchtig-mildes natives Olivenöl extra

ANMERKUNG
Das Öl hält sich bis zu 2 Monaten in einem Behälter an einem kühlen, dunklen Ort.

Fermentierte Chilipaste

ERGIBT 500 GRAMM

Die Herstellung fermentierter Chilipaste ist eine tolle Möglichkeit, um die Flüssigkeit von Salzgurken (siehe Seite 114), die Molke von hausgemachtem Ricotta (siehe Seite 224) und Chilischotenreste zu verbrauchen. Durch den einfachen Vorgang der Milchsäuregärung entsteht eine Paste mit einem reichhaltigen, komplexen Aroma und feurigem Geschmack. Die Chilischoten kann man danach auswählen, wie viel Schärfe man verträgt.

ZUTATEN

500 g Chilischoten, Stiele entfernt, grüne Stielenden an der Schote lassen (siehe Anmerkung)

2 Knoblauchzehen, geschält und fein gehackt

1 EL Zucker

½ TL Meersalz

25 ml Molke oder Flüssigkeit von Salzgurken (siehe Seite 114)

1. Alle Zutaten im Mixer fein pürieren.
2. In ein sterilisiertes Einmachglas umfüllen und fest verschließen. An einem kühlen, dunklen Ort 5 Tage gären lassen, bis Bläschen sichtbar werden.
3. Sobald die Paste fermentiert ist, bis zum Gebrauch in den Kühlschrank stellen.

ANMERKUNGEN

Wie bei Tomaten steckt auch bei Chilischoten viel Geschmack in den grünen Stielenden oder Kelchen, deshalb diese am besten mit fermentieren.

Die fermentierte Chilipaste hält sich im Kühlschrank bis zu 6 Monaten.

Rauchiger Kombucha

ERGIBT 2 LITER

Die meisten mögen Kombucha für ein relativ neues Getränk halten, tatsächlich wird er bereits seit 2000 Jahren hergestellt, er stammt aus China. Es handelt sich um gesüßten Tee, der von Bakterien und Hefepilzen (Symbiotic Colony Of Bacteria and Yeast: SCOBY) fermentiert wird. Gesunder SCOBY und ein guter Tee sind die Voraussetzungen für wohlschmeckenden Kombucha. Das fertige Getränk hält sich im Kühlschrank mehrere Monate. Kombucha ist erfrischend, passt gut zu manchen Speisen (besonders zu fetten oder scharfen) und soll auch die Verdauung fördern. Außerdem kann er in vielen Gerichten verwendet werden, etwa für die Äpfel, die das Schweinekotelett auf Seite 187 begleiten.

AUSRÜSTUNG

Mulltuch

ZUTATEN

750 ml geräuchertes Wasser (siehe Seite 241)

250 g Zucker

2 EL grüne Teeblätter

2 EL schwarze Teeblätter

2 EL SCOBY (Kombucha-Pilz; siehe Anmerkung)

1. Das geräucherte Wasser mit 1 l frischem Wasser und dem Zucker in einem Topf zum Köcheln bringen und rühren, bis sich der Zucker auflöst.
2. Vom Herd nehmen, den grünen und schwarzen Tee hinzufügen. 4 Minuten ziehen lassen, dann durch ein feines Sieb in ein großes sterilisiertes Glas abgießen. Abkühlen lassen (siehe Anmerkung).
3. Sobald er kalt ist, den Pilz hinzufügen. Das Glas mit einem Stück Mulltuch abdecken, das mit einem Gummiband befestigt wird.
4. An einem kühlen Ort ohne direkte Sonneneinstrahlung 12 Tage fermentieren lassen. Nach dieser Zeit sollte der Kombucha Säure entwickelt haben, was sich am Geruch erkennen lässt.
5. Den Pilz mit einem Schaumlöffel herausnehmen. Kombucha in eine sterilisierte Flasche umfüllen und im Kühlschrank lagern.

ANMERKUNG

Es ist wichtig, dass die Flüssigkeit kalt ist, bevor man den Pilz hinzufügt. Wie der Sauerteig (siehe Seite 232) ist er lebendig und muss gepflegt werden. Das geschieht am besten, indem man weiterhin Kombucha macht. Man kann den Pilz auch 3 Monate in Alkohol (Wein oder Branntwein) legen, wenn man Essig machen will. Den Kombucha-Pilz kann man online oder im Bioladen kaufen.

Ingwersirup

ERGIBT 200 ML

1. Die Glut vorbereiten.
2. Die Ingwerscheiben auf ein Grillgitter etwa 10 cm über der Glut legen und behutsam grillen, bis sie goldgelb und leicht rauchig sind.
3. Die Ingwerscheiben mit 100 ml Wasser, Agavensirup und Limettenschale in einem kleinen Topf zum Kochen bringen und 5 Minuten köcheln lassen. 1 Stunde abkühlen und ziehen lassen.
4. Im Mixer 30 Sekunden pürieren, dann durch ein feines Sieb in ein sterilisiertes Glas gießen. Im Kühlschrank aufbewahren.

HOLZ
Obstholz

TEMPERATUR
schwache Glut

AUSRÜSTUNG
Grillgitter

ZUTATEN

30 g Ingwer, der Länge nach in dünne Scheiben geschnitten

100 ml Agavensirup

abgeriebene Schale von 1 unbehandelten Limette

ANMERKUNG

Der Ingwersirup hält sich im Kühlschrank bis zu 8 Monaten.

Holunderblütensirup

ERGIBT 2 LITER

Die weiße Blütenpracht des Schwarzen Holunders (*Sambucus nigra*) mit ihrem berauschenden, himmlischen Duft ist nur ein paar Wochen im Frühsommer zu bewundern. Im Volksglauben galt der Holunder im Hausgarten als Lebensbaum und schützte vor Feuer und Blitz. In der Küche ist er vielseitig verwendbar: Die grünen Beeren können wie Kapern eingelegt werden, oder man lässt sie zu den schwarzroten Dolden reifen, die jedem Gericht eine herbe Note verleihen. Die Blüten können in Teig ausgebacken oder zu dem hier folgenden duftigen Sirup verarbeitet werden. Man kann ihn zu einem erfrischenden Getränk verdünnen oder für Desserts verwenden, etwa für die Pawlowa auf Seite 211.

1. Den Zucker mit 1 l Wasser sowie Schale und Saft der Zitrone in einem Topf erhitzen und rühren, bis sich der Zucker auflöst.
2. Die Mischung zum Kochen bringen, dann vom Herd nehmen.
3. Sofort die Holunderdolden mit den Blüten nach unten hineinlegen, sodass sie vollständig untergetaucht sind.
4. Die Zitronensäure hinzufügen und alles 24 Stunden ziehen lassen.
5. Den Sirup durch ein feines, mit einem Passiertuch ausgelegtes Sieb in sterilisierte Flaschen gießen und im Kühlschrank lagern.

AUSRÜSTUNG
Passiertuch

ZUTATEN

1 kg Zucker

abgeriebene Schale und Saft von 1 unbehandelten Zitrone

100 g Holunderblüten (siehe Anmerkungen)

40 g Zitronensäure

ANMERKUNGEN

Da die zarten Blüten den ganzen Duft enthalten und empfindlich sind, sollte man sie vorsichtig behandeln und Insekten mit den Händen entfernen, anstatt die Dolden gründlich zu waschen.

Der Sirup braucht Zeit, um das Aroma anzunehmen, weshalb man mindestens 1 Tag im Voraus beginnen sollte.

Der Holunderblütensirup hält sich im Kühlschrank bis zu 8 Monaten.

Salsa verde

ERGIBT 250 GRAMM

Von dieser leuchtend grünen Sauce gibt es zahllose Varianten, und sie ist wahrhaft länderübergreifend: Es gibt sie in Italien, Spanien, Frankreich und sogar in Südamerika (wo man sie unter dem Namen *chimichurri* kennt). Ihr grasiger, pfeffriger Charakter wird durch Sardellen angereichert, und sie schmeckt köstlich zu vielen Gerichten, von Gemüse über gegrillten Fisch (siehe Schnapper in der Salzkruste, siehe Seite 158) bis hin zu rotem Fleisch wie Lamm und Rind.

ZUTATEN

1 Bund glattblättrige Petersilie

½ Bund Basilikum

½ Bund Minze

1 Knoblauchzehe

1 großer Eiswürfel

30 g Kapern in Salzlake, abgegossen und abgespült

1 EL Rotweinessig

1 EL Dijonsenf

3 Sardellenfilets

250 ml natives Olivenöl extra, zzgl. etwas zum Bedecken

Meersalz

1. Die Kräuterblätter abzupfen, waschen und trocknen. Mit dem Knoblauch und dem Eiswürfel im Mixer bei mittlerer Geschwindigkeit pürieren. Zwischendurch prüfen, ob die Kräuter gleichmäßig verarbeitet werden.
2. Kapern, Essig, Senf und Sardellenfilets hinzufügen und bei mittlerer Geschwindigkeit pürieren, bis alles vermischt ist. Nicht zu lange pürieren, weil sich die Mischung sonst verfärbt.
3. Das Olivenöl allmählich bei mittlerer Geschwindigkeit in einem stetigen Strahl hinzufügen. Anschließend die Maschine noch 10 Sekunden mit hoher Geschwindigkeit laufen lassen.
4. Die Salsa verde mit Meersalz abschmecken und die Konsistenz prüfen, dann in ein Glas umfüllen. Die Sauce mit einer dünnen Schicht Olivenöl bedecken, damit sie nicht oxidiert. Sie hält sich im Kühlschrank 2 Tage.

Pil-Pil-Sauce

Pil-Pil-Sauce gehört zu den Grundpfeilern der baskischen Küche. Sie wird traditionellerweise erzeugt, indem man weißen Fisch wie Kabeljau oder Seehecht behutsam mit Olivenöl, Knoblauch und Chilischoten erhitzt, bis die Gelatine aus dem Fisch freigesetzt wird und die Sauce bindet. Diese besonders bei Fisch ergiebige Methode kann auch für eine Vielzahl von gegrillten Zutaten adaptiert werden. Dazu lässt man Fisch oder Fleisch nach dem Grillen kurz auf einer Platte ruhen und nutzt den austretenden Saft zusammen mit Öl und Säure für ein natürliches Dressing. Man sollte sich jeweils für ein Öl und eine Säure entscheiden, die gut zu den übrigen Zutaten passen. Ein feines Sieb kann als Rührbesen dienen (siehe Seite 245) und trägt dazu bei, Luft in die Sauce einzuarbeiten und sie rascher zu emulgieren.

ZUTATEN

3 Teile Oliven-, Traubenkern- oder Nussöl

2 Teile ausgetretener Saft von gegrilltem Fleisch oder Fisch (oder Fond)

1 Teil Essig oder Zitronensaft

Meersalz

1. Das Öl in einem kleinen Topf behutsam erwärmen und zu dem Grillsaft oder Fond gießen. Essig oder Zitronensaft hinzufügen und dann die gesamte Flüssigkeit in den Topf zurückgießen. Bei schwacher Temperatur erhitzen.
2. Durch ein feines Sieb abgießen und dabei das Sieb dauernd hin und her bewegen, bis sich eine Emulsion bildet.
3. Mit dem Meersalz abschmecken, die Konsistenz überprüfen und sofort servieren.

Glossar

AGRETTI Das in Küstenregionen heimische Salzkraut (*Salsola soda*), dessen Triebspitzen essbar sind; die Pflanze ist auch als Mönchsbart bekannt.

A LA FICELLE Wörtlich »an der Schnur hängend«; französische Bezeichnung für eine traditionelle Garmethode, bei der ein Fleischstück oder Geflügel an einer Schnur hängend neben einem offenen Feuer gegart wird.

ASADOR In Spanien die Bezeichnung für einen Grill oder ein offenes Feuer, auf dem man Fleischstücke brät; auch die Bezeichnung für ein Grillrestaurant.

BANKSIE Australische Pflanze mit an Flaschenbürsten erinnernden Blütenständen und ledrigen Blättern. Übersteht die Buschfeuer und öffnet danach ihre holzigen Fruchtstände, um ihre Samen zu verstreuen.

BINCHOTAN Auch als »weiße Kohle« bezeichnete hochreine japanische Holzkohle (aus Steinlindeneiche), die eine extreme Hitze liefert, aber auch rasch abkühlt.

BOTTARGA Der gesalzene und luftgetrocknete Rogen der Meeräsche.

CHURRASCO Südamerikanische Bezeichnung für am Spieß über offenem Feuer gebratenes Fleisch.

DULSE Roter Lappentang. Er wächst wild an den nördlichen Küsten von Atlantik und Pazifik. Wird im Handel meist getrocknet angeboten.

EISKRAUT Gehört zu den Mittagsblumengewächsen, auch als Sodapflanze bekannt (*Mesembryanthemum crystallinum*). Am Spülsaum der Meeresküste an den Stränden Südostaustraliens heimisch. Die dicken, schmalen Blätter besitzen Zellen zum Speichern von Wasser.

GLASAAL Junger Aal.

FINGERLIMETTE Längliche, schmale Zitrusfrucht (*Microcitrus australasica*), die in verschiedenen Farben verfügbar ist. Sie wächst an bis zu sechs Meter hohen Bäumen, ihre Heimat ist Australien.

FLEUR DE SEL Feines Salz, das sich durch Verdunstung auf der Oberfläche von Meerwasser als dünne Schicht (»Salzblüte«) ausbildet.

FOIE GRAS Stopfleber von Gänsen oder Enten.

IKE-JIME Der japanische Begriff bedeutet »lebend töten«. Durch einen direkten Stich mit einem scharfen Dorn oder einer Messerspitze ins Hirn wird der Fisch sofort und schonend getötet. Ein ins Rückenmark eingeführter Spieß oder Draht verhindert Nervenzuckungen und das Ausbluten ins Fleisch, was eine bessere Fleischqualität garantiert. (In Deutschland ist dieses Verfahren verboten! Bei der Tötung von Fischen und Krustentieren ist die Tierschutz-Schlachtverordnung zu beachten.)

LAKTONE Hocharomatische intramolekulare Ester der Hydroxycarbonsäuren, die in ätherischen Ölen vorkommen.

NEUSEELÄNDER SPINAT Vitamin-C-reiche Blattpflanze *(Artepitheton tetragonoides)*, die wild an den Küsten Australiens, Tasmaniens und Neuseelands wächst. Sie gehört zu den Mittagsblumengewächsen.

OGATAN Japanische Holzkohlebriketts aus gepresstem Sägemehl.

PACHAMANCA Ein traditioneller peruanischer Erdofen, in dem Speisen mithilfe von Feuer und/oder heißen Steinen langsam gegart werden.

PARILLA Südamerikanische Bezeichnung für einen Grill oder das Kochen über Feuer.

PINTXOS Baskische Bezeichnung für kleine Snacks (spanisch *pinchos;* Tapas).

QUELLER Sukkulente Salzwiesenpflanze, die am Spülsaum von Meeresküsten gedeiht. Der ebenfalls geläufige Name Glasschmelz verweist auf die frühere Verwendung der Pflanzenasche bei der Glasherstellung.

SALAMANDER Grill zum Überbacken mit starker Oberhitze. Der Name leitet sich vom Salamander ab, der im Volksglauben als immun gegen Feuer gilt.

STRANDSODE Kleine, farnähnliche Sukkulente (Salzmelde), die an der Küste im Bereich von Watt und Flussmündungen wächst *(Suaeda maritima)*.

STRANDBANANE Rundblättrige Sukkulente, die im südlichen Australien am Spülsaum der Meeresküste heimisch ist; dort wird sie auch Karkalla genannt (*Carpobrotus rossii*).

STRANDKRÄUTER In Australien heimische Grünpflanzen wie Eiskraut, Strandbanane und Neuseeländer Spinat, die am Übergang vom Land zum Meer wachsen. Sie gehören zur Familie der Mittagsblumengewächse und werden auch in Europa kultiviert.

WAKAME Essbare Braunalgenart.

Register

Dank

Ohne die vielen Menschen, die mit ihrer Hilfe, gutem Rat und Unterstützung dazu beigetragen haben, wäre dieses Buch nicht möglich gewesen.

Als Erstes möchte ich meiner Verlegerin Jane Willson danken. Sie hat an dieses Buch geglaubt und mir beim Schreiben die nötige Freiheit gelassen. Loran McDougall, Kate Wanwimolruk und dem ganzen Team bei Hardie Grant danke ich für ihre Unterstützung und Geduld während der ganzen Produktion. Ein Buch zu schreiben ist fast so schwierig, wie ein Restaurant zu eröffnen.

Mein aufrichtiger Dank geht an Elizabeth Hewson für ihr großes Verständnis und ihre stete Ermutigung. Sie hat großartiges Organisationstalent bewiesen und die Fähigkeit, im richtigen Moment auch einmal energisch werden zu können.

Ich danke allen, die an der Realisierung des Buchs beteiligt waren: Nikki To (AC) für ihre unglaublichen Fotos und die bildliche Umsetzung von Feuer und Deb Kaloper, der am besten ausgestatteten Food-Stylistin, der ich je begegnet bin. Anthony Huckstep danke ich für die Strukturierung meiner Geschichten und Murray Batten für die Gestaltung, die unter der Leitung von Mark Campbell stand.

Ein spezielles Dankeschön geht an John Fink und Estelle Hoen für ihre Unterstützung und für die tolle Paella, die sie beim Shooting zubereitet haben. Nathan Cattell vom Killalea National Park danke ich dafür, dass wir an seinem Strand Feuer machen durften, Paul und Susie Hewson für die Nutzung ihrer schönen Farm als Hintergrund bei vielen unserer Aufnahmen.

Ich danke all den tollen Lieferanten und Produzenten, mit denen ich Tag für Tag zusammenarbeiten darf: Paul Ashman und Nathan Chetcuti von Wood Trailer Functions, Justyn McGrigor von Murdoch Produce, Anthony Puharich und Andrew Kunze von Vic's Premium Quality Meats (die mit mir daran arbeiten, Australiens bestes Steak zu kreieren), Andrew Boyd von Martins Seafoods, Sally Gosper und Amber Hoult von Simon Johnson, Shady und Rose Wasef von der Pioik Bakery, Gayle und Mike Quarmby von Outback Pride, Mike und Christa McDonald von Blackheath Firewood, Tim und Liz Johnstone von Johnstone Kitchen Gardens, Emmanuel Simitzis von Australian Live Seafood, David Cockerill von Cudgegong Valley Olives. Und nicht zuletzt danke ich Malcolm Greenwood für seine wunderschöne Keramik, die häufig Asche aus unserem Feuer enthält.

Dank auch an John Dixon und David Wynne von der NSW Teachers Federation für ihre Unterstützung des *Firedoor* und des Shootings. Und ich möchte der Fink Group Family danken, besonders meinem Geschäftspartner Leon Fink und den Küchenchefs Peter Gilmore, Rob Kabboord und Ross Lusted.

Ein Dankeschön meinem Personal vom *Firedoor*: Ihr seid das tollste und engagierteste Team überhaupt, und ich bin stolz, mit euch arbeiten zu dürfen. Besonders danken möchte ich Raurri Fagan, Peter Raymond und Toby Robinson für ihre Mithilfe beim Auswählen und Fotografieren der Rezepte.

Von ganzem Herzen danke ich meiner großartigen Frau Diana für ihre unendliche Geduld, ihre Liebe und die tolle Arbeit, die sie bei der Erziehung unseres Sohns Alex leistet. Möge er mehr nach seiner Mutter geraten als nach seinem Vater. Ich danke meiner Großmutter, mit der ich zum ersten Mal am Herd stehen durfte, und meinen Eltern, die mich immer unterstützt haben.

Und zum Schluss möchte ich Bittor Arguinzoniz danken. Er hat mir die wahre Schönheit des Feuers gezeigt … *eskerrik asko.*